U0458934

孟凡礼译文集

III

*Ideen zu einem Versuch
die Grenzen der Wirksamkeit
des Staats zu bestimmen*

论国家作用的界限

Wilhelm von Humboldt

[德] 威廉·冯·洪堡　著

孟凡礼　译

山西出版传媒集团　山西人民出版社

洪堡木刻画像

根据Eduard Stroehling约1814年的画作制成，展现了这位在反对拿破仑的独立战争与维也纳会议期间动荡时代中的普鲁士外交官的形象。

洪堡大理石浮雕像

作者von M. K. Klauer，作于1796年，约在本书完成后四年。

困难在于，仅仅颁布必要的法律，永远遵守社会的这一真正宪章性的原则，警惕统治的激情，热衷统治乃现代国家最大的弊病。

老米拉波：《论公共教育》，第69页。

Le difficile est de ne promulguer que des lois nécessaires, de rester à jamais fidèle à ce principe vraiment constitutionnel de la société, de se mettre en garde contre la fureur de gouverner, la plus funeste maladie des gouvernemens modernes.

Mirabeau l'aîné, *Sur l'education publique*, p. 69.

中译本译者说明

　　《论国家作用的界限》是德国著名思想家和政治家威廉·冯·洪堡（1767—1835）的一部影响深远的作品，不过这种影响是在洪堡逝世后才开始的，因为普鲁士严格的书刊检查制度，使这部写于他二十四岁时的作品在其生前从未得到完整发表，直到他死后十六年即1851年，才由他的弟弟亚历山大·冯·洪堡整理出版。洪堡一生在学术与政治两方面都取得了巨大成就，在几度起伏的政治生涯中，洪堡秉持自由主义立场，先后对普鲁士的教育、外交和宪法改革做出了积极贡献。事实上，洪堡青年时代的这部著作，奠定了他一生的政治思想和理想，这部作品高扬人的个性，强调多样化的个性之间的相互影响、吸收和提高，力主将国家的积极干预降至最低，只求保障消极的安全。自从洪堡的这部作品发表后，有关国家作用和界限的讨论一直没有停止过。在近代德国自由主义国家建设的挫折和危机中，人们经常求助于洪堡的这部作品，把它作为追求自由国家理想的经典不断重版。

　　在德国之外，《论国家作用的界限》甫一出版就激发了一部同题的法语作品（爱德华·拉布莱依:《国家及其界限》）；在英国，早在1854年就出版了约瑟夫·库尔撒德（Joseph Coulthard）的英译本，英译本的出版对约翰·斯图亚特·穆勒（J. S. Mill）随后创作的《论自由》产生了巨大的影响。洪堡的这部经典之作获得了持久的关注，自问世以来不断地有更多语言的译本出现。在中国，1935年，北京大学德语教研室曾发表了一部关于洪堡这本书的论文集；1998年，首次出版了这本书的中译本。

本次重译，所据底本是牛津大学著名思想史教授约翰·布罗（J. W. Burrow）重新编订的库尔撒德英译本（Liberty Fund, 1993）。布罗教授使用莱茨曼（Albert Leitzmann）的德文版（Humboldts Gesammelte Schriften, Berlin, 1903）对原始译文做了校订。采自莱茨曼版本的脚注在文中用数字标号，并在结尾缀上［L］；英文编者注释、中文译者注释也用数字标号；洪堡自己的注释则以星号标出。布罗教授为此书所撰写的长篇导言，对读者了解洪堡这部作品的思想史背景和它的持续影响力有着极大的帮助，此次一并译出供读者参考。

洪堡晚年的文风因为晦涩而备受诟病。目前这部作品依照布罗教授的说法，虽然有时笨拙且偶尔离题，但很少真正晦涩。然而，需要提醒的是，作品作为整体从未被作者修订以供出版，手稿中有几处后续编者无法弥补的空白；此外，为了追求论证严密，滴水不漏，洪堡的行文时有转折摇摆，这无疑增加了读者理解的困难。在翻译为中文时，译者尽量避免照搬原文过长的句子，在用词方面也力求通俗，以帮助减轻读者理解的负担。或许需要事先说明一下的是，对全书主题来说稍显"离题"的第七章（论宗教）和第八章（论道德改良），译者虽尽了最大努力使译文通俗化，但因涉及复杂的宗教和哲学/美学问题，对读者来说，这两章必定仍然是读起来最费力的；第十至十三章，涉及复杂而又细微至极的法律辨正，对法学专业之外的读者来说亦不会很轻松。文字经过两道转译，细节之处肯定无法一一还原，唯愿文通句达，大旨不背洪堡原意。

关于特定术语翻译的说明：英译本根据英语用法的要求，将德文中的Recht一词分别翻译为right（权利）或justice（正义）——在指原则时，译为justice，在指实际的法律或自然权利时，译为right；洪堡的术语Kräfte也被根据英语的习惯分别翻译为powers（力量）或energies（精力，活力）；译为morality的，在任何情况下都是Sittlichkeit，而不是黑格尔的Moralität。中文版翻译时尽量跟随英译本的处理。译者在少数几处英译本存在理解困难或偏差的地方，酌情参考了德文版。本书德文版很少分段，中文版根据英译本做了分段，少数几处英译本分段不合理的地方，中文版根据上下文意思重新做了处理。

书后所附"《论国家作用的界限》与《论自由》主题对照表"由斯图亚特·D.沃纳（Stuart D. Warner）教授整理，以便有兴趣的读者将本书中选出的那些主题与约翰·斯图亚特·穆勒的《论自由》进行比较。

简明目录

目 录

威廉·冯·洪堡的多样发展的人性理想和有限国家学说

---

❶ 译按:英文版编者导言原无标题和分节,为方便阅读起见,中文版译者增加
了大标题,同时将原文分为五节,并为每节拟了小标题。

Ⅰ.洪堡的生平和思想的时代背景

威廉·冯·洪堡，作为普鲁士教育体系的缔造者和柏林
大学的创始人而闻名于世。然而，对于专攻政治思想史的英
国学生来说，他可能作为一句话的作者而最为他们熟知，这
句话被约翰·斯图亚特·穆勒拿来用作他的《论自由》一书
的卷首题词："本书所展开的每一个论证，都直接指向一个总
体的首要原则：人类最为丰富的多样性发展，有着绝对而根
本的重要性。"顺便一提，十年之后，洪堡又为另一位杰出的
维多利亚时代人物马修·阿诺德的著作《论大陆的学校与大
学》贡献了题词。穆勒摘引的这本书出版于1854年，早在《论
自由》出版前五年，也就是我们所知穆勒刚开始构思这篇论文
的时候。[1]这本书是洪堡《尝试确定国家作用的界限的想法》
（ *Ideen zu einem Versuch die Grenzen der Wirksamkeit des Staats zu
bestimmen* ）一书的英译，英译者约瑟夫·库尔撒德为求简洁
略去了洪堡的谦逊之辞，而将标题改为《政府的界限与责任》
（ *The Sphere and Duties of Government* ）。洪堡本人死于1835年，
而这部作品写于1791至1792年他还是一个年轻人的时候，一直
到十九世纪五十年代都被作为一件收藏品。不过，作品刚写出
来的时候就未拿去出版，洪堡料到会碰上普鲁士审查制度的麻

烦，尽管部分章节已刊发在席勒的《新塔利亚》杂志和《柏林月刊》上。[2]

人们对这部作品重新产生兴趣，主要是因为作者后来的仕途和学术成就，以及他的弟弟亚历山大编辑了洪堡身后作品的德文版，以全文或近乎全文的形式于1852年首次发表了这篇论文。[3] 这立即引起了人们的兴趣，激发了一部同题的法语作品——爱德华·拉布莱依的《国家及其界限》，以及洪堡这篇论文的英译。库尔撒德有理由认为他那个时代对这一主题有着"特殊的兴趣"，因为它同样是维多利亚时代政治思想领域那些经典之作的主题，比如赫伯特·斯宾塞的《社会静力学》（1851）、《人与国家》（1884），当然还有穆勒的《论自由》。

洪堡这篇迟到出版的作品是否为穆勒的论文提供了灵感，我们无法确定，尽管二者时间上的相近以及穆勒在行文中多次提及洪堡，不可避免地暗示了某种关联。[4] 穆勒自己对《论自由》灵感来源这个问题的描述，除了对他妻子的赞颂外，有些含糊，但无疑相当准确地反映了在构思一本书时，自由流动的思想、印象以及也许意识到也许没意识到的激情在其中的融合。"至于说到原创性，它［《论自由》］当然没有别的什么，因为每一个有思想的头脑在思考和表达真理时都会有他自己的方式，而真理是人类的共同财富。"穆勒接着提到了裴斯泰洛齐、歌德以及其他人，但他补充道："在我之前的著作家，唯一一位……我想应该提出来说一下的，就是洪堡。"[5]

当然，随着洪堡著作集的出版，对他的同代人和后来人来说，他已经远不仅仅是一篇论个人和国家的重见天日的论文的作者。纵观他的整个生涯，他是政治家、语言学家、教育家，还是个人关系的勤奋培育者——他因此赢得了歌德和席勒的友谊，他还是斯塔尔夫人的德语老师：这是着意养成的人类多面手的一个恰当形象，而培养多才多艺的人正是他宣称的理想。他众多角色之一是，他差点成为普鲁士自由立宪主义者的领袖。一位评论家表示，如果德国在1790年发生革命，他可能会成为"德国的米拉波"。[6]洪堡早年的朋友弗里德里希·冯·根茨——《论国家作用的界限》就始于洪堡写给根茨的一封信——说洪堡是他见过的最聪明的人。斯塔尔夫人称他简直是"欧洲最有大才的人"（la plus grande capacité de l'Europe），显然有足够的理由认定斯塔尔夫人见过所有这些重要人物。阿恩特提到洪堡时说，他能像牵羊羔一样牵着大个子的施泰因，而席勒在他身上发现了理性与情感的理想平衡——洪堡则将同样的称赞回报给席勒。[7]尽管这并不奇怪，许多人似乎相当害怕洪堡。

　　洪堡1767年出生于波茨坦一个波美拉尼亚贵族和军官家庭，[8]当他二十四岁那年写作我们为方便起见称作《论国家作用的界限》的论文时，他刚刚辞去了首次在普鲁士政府取得的一个次要职位。他说，他发现行政工作"无聊透顶"（geistlos），所以决定全心致力于培养他的朋友、他的新婚妻子和他自己。[9]1802年，他暂时回到了政府部门，作为普鲁士驻教廷的特使，从而开启了由学者来任此职的独特之路，先后继他担任这一职位的是尼布尔和本森。1808年，他回到柏林，成为志在改革的

xix

施泰因内阁的公共教育部部长；正如西利（Seeley）所说，洪堡组织起教育来，就像沙恩霍斯特在战争中的组织工作一样高明。甚至，有人会补充说，即使真的是这位普鲁士校长在1870年打败了法国，那也是洪堡颁给他的校长证书。

xx 作为施泰因改革内阁的一员，洪堡创建了柏林大学并重组了普鲁士高级中学，并用他自己的语言学和希腊化倾向以及对全面文化发展的关注，为教学大纲打上了烙印。洪堡这一时期的作用与他的"界限"理论这一用词（如果说还不是根本精神的话）之间存在着矛盾，这一点经常被注意到，并以普鲁士民族觉醒之年的爱国热情来解释。[10]洪堡随后作为普鲁士全权代表出席了维也纳大会，并担任了几个外交职务。1818年，他短暂地担任了内政部部长，带头反对哈登贝格，敦促减少对奥地利的屈从，要求更大程度的立宪责任制。导致他最终退职的实际契机是普鲁士对《卡尔斯巴德决议》的接受。[11]

然而，洪堡对公职生涯的奉献从来不是全心全意的，他那不断变化的智识追求，以及各种各样已出版和未出版的著述，比他的仕途简历更准确地反映了他一生的真实面貌。即便他除了给朋友的私人信件外没有写任何东西，他还是会作为歌德和席勒的通信人而为德国文学史留下一个注脚。事实上，他断断续续地写了很多，并在诸多不同领域都赢得了名声，他是政治理论家、历史哲学家、希腊主义者、文学评论家、美学家，还是比较语言学的先驱之一。他还（几乎不可避免地）写过一些比较平庸的诗作。洪堡的这种多才多艺不仅仅是一项令人惬意的奇迹。正如接下来我们要表明的，这对于理解他的政治理论至关重要，不仅这种多面才华是他的人文主义理想在他个人身上的实现，而且因为他是在一个文化脉络中汲取了他的基本理念，在这个文化脉络中，许多不同的智识活动沿着趋同或平行的路线运行。

正是出于这个原因，以看起来最明显的路径接近洪堡关于国家的界限的论文是肤浅的，即把它看作一个年轻的德国知识分子（就像他的许多同胞都在尝试做的那样）试图定义对法国革命事件的态度。的确，洪堡在同一年早些时候已经写了一篇题为《由法兰西新宪法引起的关于宪法的思考》的文章，在这篇文章中，他采取了明确的伯克立场。尽管没有证据表明他在1791年知道伯克的《关于法国大革命的反思》（后来他的朋友根茨翻译了这本书）。洪堡早先那篇文章的一些想法被吸收进了《论国家作用的界限》。然而，《论国家作用的界限》的调子恰恰不是伯克式的，除了少数几段；它的中心论点——试图严格限制国家的作用——尽管是以引用米拉波的话导出，其适用于腓特烈的普鲁士或约瑟芬的奥地利，跟适用于（法国）国民大会相比丝毫不遑多让，并且在某些方面更是如此。

洪堡的《论国家作用的界限》绝不可以用时事来解释。事实上，它是一份相当丰富的文献，包含许多不同的智识和文化层面，形成了一道具有独特的洪堡风格和感染力的思想景观。首先，在这本书中洪堡对启蒙运动的态度是含糊的，他继承了他儿时家庭教师的重农主义和理性主义学说；在这本书里还可以发现莱布尼茨和莱辛关于人的完美性的理论；还有康德对道德法则的绝对命令的断言，以及康德坚持认为的，每个人都必须被视为目的而绝非手段，人生的目的本质上是一个内在问题，是灵魂的内在自由，而绝非外在幸福的状态；还有卢梭和狂飙突进对感情的崇拜，视感情为人类活力的源泉；还有德国新古典主义典型的亲希腊主义，洪堡是其中的领军者，他在理想的古希腊人形象中看到了全面和谐的人性模型；甚至还包含一剂柏拉图主义，这使洪堡将可见的世界视为居于背后的永恒理念的某种密码——一种令人不安地浮到文章表面的学说（第八章）——尽管并没有真正进入其理论框架。[12]

尽管会有些难看乃至可能的困惑，还是有必要冒险来处理一下洪堡文章中的这种异质性，以显示这篇论文的丰富性，强调它远不止是一种"大杂烩"（pièce d'occasion），事实上它和大多数政治理论中的文章一样连贯，代表着一项相当大的综合成就。乍一看，这可能不仅令人困惑，而且难以置信。或者这可能表明洪堡的文章仅仅是本意良好但却宽纵无边的折中主义的产物。但当一个人意识到，这些思想潮流的大部分内容也出现在跟洪堡同时代的德国人黑格尔的作品中，这似乎就不那么难以置信了。不管对黑格尔的政治理论有什么样的反对意见（这些反对意见很多而且激烈），他一般不会被视为一个善意的折中主义者（尽管这是一个可能的攻击进路），或仅仅被视为未消化的、异质难容的思想念头的贮存库。援引黑格尔来消除混乱的疑虑，似乎是在召唤魔鬼以驱走夜晚的颠簸。然而，如果允许黑格尔的思想遗产有一些不可否认的独特性和连贯性的话（不管它有什么问题），那么要求至少暂时停止对洪堡的怀疑似乎就是有道理的。事实上，人们可以简单地总结一下：尽管结果显示出明显的差异，但洪堡和黑格尔一样，他们都试图从一项遗产和脉络中获得一个连贯的智识立场，这个脉络包含了启蒙运动和通常与启蒙运动相对立的浪漫主义的大量内容。

在十九世纪早期的英国思想史上，这种对综合的明确探索少之又少，这也许是为什么英国读者仍倾向于发现晦暗和不同情的结果。约翰·斯图亚特·穆勒确实感受到了这种需要，诚然在经过了一定程度的简化之后，他能够将他的两个原型人物——边沁和柯勒律治（分别代表了十八世纪和十九世纪典型的智识美德）——作为辩证法的两面，让他们事实上需要在黑格尔的意义上被扬弃（aufgehoben），以便在更高的层次被接受和综合。当穆勒在结论中，建议读者并暗示他自己试着融合边沁和柯勒律治的思想教训的时候，他所要求的正是这种综合。毫不奇怪，他在洪堡身上发现了一种声气相投的精神，以致他觉得应该把洪堡写于近七十年前的一句话作为他的一部主要作品的卷首题词。

洪堡受他的家庭教师的启发，进入德国启蒙运动的思想世界（一如穆勒从他的父亲那里接受了功利主义），又从那个世界里破颖而出，这个过程像极了穆勒自身的解放，部分是情感危机和自我发现，部分是那个时期文学和哲学倾向的浸润，部分是朋友的影响，尤其是格奥尔格·福斯特和弗里德里希·雅各比，[13]这两人也像洪堡一样受到了十八世纪晚期风尚的触动，即狂热的情感崇拜和对"启蒙最原始形式的干巴巴抽象"的有意反抗。洪堡发现自己跟理智和情感未得到充分培育和调配的其他年轻人一样——甚至在后来的几年里，熟悉他的人仍在评论洪堡本质上的冰冷[14]——在步入成人关系的第一步，就遇到了一个常见的、令人震惊的发现，即其他人尤其是女人，对他来说如此重要，不仅是他的思想的受众或他无私仁爱的对象，而且作为一种影响，能够丰富他的生活，影响他的思想，至少能够暂时摧毁他的幸福。（从此）洪堡从未失去这种感觉，即人格之间富有成果的相互渗透，他人从情感和智力上可以成为他的血中之血、"你中之我"（he of theirs），这防止了他的自由思想采取那种典型的自由主义形式，在那种形式中，社会中的个体作为外在的对象和障碍、作为竞争对手而彼此遭遇，各自独立，对国家权威怀有潜在的敌意。人们不能像莱昂内尔·特里林对一般自由主义的评论那样论及洪堡的自由主义，说它"为了人类生活普遍扩张的愿景和自由理性的方向，倾向于否定人类的情感和想象力"。[15]

当代事件，譬如法国大革命、腓特烈·威廉二世宣布路德教为国教的法律，对洪堡形成他的基本原则起到了一部分作用，但是这两者似乎都没有他对女孩的发现那么重要。[16]在接下来的努力中，为了保持向新的情感和智力可能性敞开大门，这种可能性源自他对其他人的发现，因此同时为了不失风度和尊严以及他自己对独立认同的感觉，为了接受并吸收经验而不被它压倒，洪堡（在这方面比穆勒更幸运）在十八世纪晚期德国的文化环境中，寻找丰富多样的形象和概念乃至神话——高尚的希腊人神话——来解释他的发现。

洪堡的困境本质上在于，用最抽象的术语来说，在多样性中实现统一，在不牺牲多样性、丰富性和变化性的情况下保持连贯性，保持一个人对经验哪怕是痛苦经验的敏感，同时基本上保持对一个人的文化代谢的控制，将结果塑造成一个连贯的哪怕必然不稳定的整体（特别参见第二、三、八章）。这是一个两难的困境，可以用许多不同的词汇来表达，并且可以根据我们对所选词汇的适应程度，使其听起来或古怪或平常。人们可以用传统的形而上学词汇来表达，比如形式与实体（或物质）的关系，或者理智与情感，规则与自发性，古典主义与浪漫主义，康德式的普遍道德命令与"历史地形成的民俗和传统的活力和多样性"等等之间的紧张关系。

当然，这些二分法并不完全等同，也并未穷尽。它们涉及不同的抽象层次，并且暗示着对不同类型的说明性例子的关注，因为例子不同，困境自身也会不同。然而，之所以指出它们之间的密切关系，是要表明十八世纪末十九世纪初的许多德国著作家并非偶然地同时或几乎同时是美学家、道德学家、政治理论家，当然还是形而上学家，如赫尔德、席勒、黑格尔、谢林以及众多其他人，这其中也包括洪堡。在大多数情况下，通向这种多面活力的直接推动力无疑是一种相对连贯和稳定的

世界观，即启蒙的世界观，而在许多情形下，这种世界观却也
xxv是一种不可接受的、压抑的整齐划一，并且被过于机械和范围
有限的概念所支配，无法容纳具体世界的全部丰富性和人类的
全面潜力。这无疑就是洪堡所提到的歌德《自然哲学》的灵感
（参见正文第13页，译按：指英文版页码，见本书边码）——
也许是那个时期最糟糕的教条主义多面性的例子。

　　鉴于这些批评的性质，要构建一个新的概念框架，就会面
临以某些基本困境形式出现的问题。尤其是，怎样调和席勒在
《审美教育书简》（1794）中所谓的"物质需求"（Stofftrieb）和
"形式需求"（Formtrieb），即调和"对感性、具体性的渴望"
和"对理性控制、规则形式的渴望"，调和活力、具体性和多
样性等诸般意义，而不导致分裂和无秩序，陷入粗糙的情感主
义和狂飙突进的破坏性叛逆，或者倒向另一方面，陷入完全和
无差别的接受，就像泛神论者或历史主义者，一切事情都可接
受，从牙疼到暴政，都是人生多姿多彩的织锦的一部分。这后
一种倾向已经隐含在启蒙运动的莱布尼茨式的乐观主义之中。
（关于洪堡身上的这种倾向，参见正文第140页。）从一套比喻
到另一套比喻的旅程是一件危险的事情。

　　在政治思想方面，这一时期的德国作家在极端之间的剧烈
摇摆是臭名昭著的，最显著的例子是费希特钟摆似的政治生
涯，在不同时期摇摆于几近疯狂的个人主义者和冷酷无情的专
制主义者之间。在这方面，典型的特征也是企图综合（后世普
遍认为这仅仅是口头的和虚假的），尤其在黑格尔身上和通常

的"积极自由"概念上。这样一个政治和历史事实，比起那些经常被提起的事件（比如处决路易十六或耶拿战役）得到了更加深入的解释，尽管毫无疑问，这些事件是一些更为剧烈的转变的直接原因。然而，这种紧张已经隐含在十八世纪末的思想脉络中。例如，我们可以指出卢梭身上同样的紧张，直白地反映在他被指控的思想矛盾中，即一边是两篇论文（指《论科学与艺术》和《论不平等》）和《爱弥儿》主张的个人主义、原始主义，另一边是《社会契约论》的"极权主义"。

在这一点上，人们可能忍不住要来简化一下：断定我们只需面对的是"自由"与"秩序"之间必然且长久的紧张。然而，问题不尽于此，且不说卢梭或费希特的"秩序"与霍布斯或腓特烈大帝意谓的"秩序"恰相不同。在我们所关注的这一时期，关于个人、社会与国家之间关系的讨论，通常最好还是要放在包含形而上学、道德学说、心理学、美学和教育理论的脉络中去理解（卢梭、赫尔德、席勒以及洪堡全都写过论教育的文章），在这一脉络中，人们可以找到类似于政治（理论）困境的东西，并将其翻译为合宜体裁的语言。当然，这种联系在任何时期都有可能存在。众所周知，像"政治浪漫主义"和"对理性的反叛"之类的短语对于政治思想史来说是一个很有用的提示。"对理性的反抗"这种说法过于粗糙了，不足以涵盖洪堡（或就此而言，也不足以涵盖席勒、黑格尔）。不过，洪堡对存在于社会、政治和个人生活中间的那些紧张的认知方式，确实受到了像感情、自发性、多变性以及"具体"之类概念日益上

升的智识地位的影响，而且，某些典型的浪漫主义比喻也确实
进入了他要处理的问题的核心。

Ⅱ．"艺术作品"和"有机体"的比喻，以及"教化"的概念

在欢迎和控制新近被推崇的浪漫主义美德，并寻找解决最
终困境的方法的各种尝试中，有两个比喻在十八世纪晚期的德
国被发现特别有用，当然不止是在德国，只是在那里比其他地
方更为坚持。它们分别来自"一件艺术作品"的概念和"一个
生物有机体"的概念。它们有用的原因基本相同。它们都被证
明极具暗示性，尽管也都有缺点。这两个比喻都被洪堡广泛使
用（第二、八章）。

从某些方面来说，"一件艺术品"是一个令人钦佩的形
象，它调和了"生动、繁杂、具体但朴实的物质"与"崇高、
连贯、脱俗的形式"，体现了多样性的统一——沙夫茨伯里
（Shaftesbury）关于艺术作品具有"内在形式"的概念在十八世
纪的德国影响极其深远；将"粗野的力量或无法忍受的痛苦"
转化为"宁静的和谐与统一"（stille Grösse und edele Einfalt,
译按：德语直译为"静穆的伟大与高贵的单纯"），就像温克尔
曼对"拉奥孔"的著名描述那样。作为社会关系的比喻，其缺
点是艺术作品是有意制作出来的。

在政治领域，能够作为艺术（art）范例的似乎是梭伦而不
是"民众精神"（Volksgeist）。不过有办法解决这个问题，那就

是，或者坚持认为一件艺术作品与其说是出自艺术家建设性的
精心创作，不如说是他对吹过他的神圣之风的创造性守护；或者特别关注那些确实可被视为代表着民众精神自发表现的作品：民间诗歌，或者像洪堡的朋友F. A.沃尔夫会主张的荷马（史诗）。尽管如此，艺术作品之为人造物的意涵足够强烈，无法用作社会或国家的直接比拟物。说国家乃是一件艺术品，这样的概念恰恰是它所**不**需要的；这个概念带有太强烈的长官主义和仁慈的专制主义味道，以及"国家是一个人为创造的制衡机构"或"一个从上面强加给迟钝的社会大众的官僚体系"这样的机械概念的味道。"一个正确组建的国家，必须完全类似于一台机器，其所有的轮子和齿轮都精确地彼此适应；统治者必须是工头、是主引擎、是灵魂（如果可以如此表达的话），让每一个零件运转起来。"[17] 这一出自长官主义思想家尤斯蒂的典型表述，恰恰代表了洪堡信念的反面；洪堡认为国家的活力只能来自组成它的个人的自发活动和多样化的创造力。因此，"一件艺术作品"的概念之能进入洪堡、席勒和浪漫主义者的政治思想，不是作为国家或社会的直接类比，而是通过其对他们伦理观念的影响而间接进入的，这种影响尤其表现在席勒的《审美教育书简》和洪堡的"个人文化"的概念中。

同样，有机体的概念之所以非常有用，是因为它暗示了内在连贯性和自主性（Selbstverwaltung）的结合，这种结合带有自发活力，由物质的、感官的存在的活性汁液所滋养。一个有机体与其环境有着创造性的互惠关系；它不仅仅是对刺激的被

动接受（参见正文第13页）。但是，这一形象也有它的缺点。的确，有机体出现是为了展示其目的；它们是自主的，但不是**有意识地**自主的。此外，如果社会作为整体被视为一个有机体，那么组成它的个人的自主权又是什么呢？事实上，洪堡之所以不得不特别强调地否认国家是一个有机体，并被迫将其仅仅视作一种公共权宜，其功能要受到严格限制，仅仅是一件工具，原因之一就是，否则的话，在政治理论如此热衷于"有机"美德的情况下，国家，如果接受了有机性，将成为一切的一切。持"有机论"的政治理论家实际上有点进退失据，因为他必须决定国家是否像一个有机体，在赋予它无所不在的权力和将其职能限制在最低限度之间做出选择。

因此，在各路民粹主义者、无政府主义者和政治多元论者中间发现对"有机"美德的崇拜，跟在国家崇拜者中间发现它一样普遍。然而，有一座非常引人注目的桥梁，跨过这座桥梁，许多有着有机思想的无政府主义者或半无政府主义者，就进入了另一个阵营："有机民族共同体"及其政治表达"民族国家"的概念。因此也并不奇怪，甚至似乎有些不祥的意味，人们会发现洪堡随着年龄的增长——甚至在《论国家作用的界限》中就有了苗头（参见正文第137页）——开始越来越多地使用这座桥梁，尽管公正地说，他的思想大本营仍然留在自由主义一边。【18】

艺术品概念和有机体概念的缺点是类似的，前者隐含着对自发性的否定，后者隐含着对个人自主权和自我意识的否定，这使得它们在应用于国家或社会时有一定的复杂性。这些特殊的含义直接与自由、自主、自觉的道德主体的提升背道而驰，这样的道德主体是十八世纪晚期德国人文主义理想的内在组成部分，其在康德那里有着明确的阐述，并深深植根于启蒙运动和德国虔敬主义的宗教传统中，伴随着对（人的）内在之光的坚持。它还深深植根于受过教育的中产阶级德国人对尊严和自尊的追求中，他们的家长制政府似乎把他们当成了孩子，而贵族的排外和傲慢又似乎剥夺了他们作为人的完整地位。确实，一些德国政治理论家未能逃脱有机类比的全部含义，并且将他们所谓不幸的、支离破碎的现代公民，不管他们愿意不愿意，交到了"**民族精神**"（*Volk*-soul）之手或历史洪流的怀抱中，在 xxix
这个洪流之中，一切发生的必然发生。但至少对洪堡来说，任何要求进入他的政治思考的比喻，都首先要能与"自由、自觉、自主的个人"和平共处。

　　事实上，洪堡大量使用审美比喻和有机比喻，但是还有第三个概念也与充分理解洪堡的伦理和政治学说有关，尽管它在《论国家作用的界限》中没有那样明确，要想更充分地参考这个概念，不得不转向他的一些其他作品，这些作品也是在他生前未发表过的，包括，他早期关于人类力量发展规律的论文（*Über die Gesetze der Entwicklung der menschlichen Kräfte*，1791），他的《比较人类学计划》（*Plan einer vergleichenden Anthropologie*，1795），以及他的《关于世界历史的反思》（*Betrachtungen über die Weltgeschichte*，1814）。这是一个打上了莱辛名字烙印的概念，尽管这绝不仅仅是他的个人财产，即历史是人类的自我教育。这一概念也包含着或可以被赋予一些必需的元素：它假设存在着某种内在的、自发的活力，通过丰富的多样性及从中获得的营养，可产生一种基本的连贯性或模式；存在一种跟经验相关的创造性的互惠关系，在这种关系中，甚至错误和痛苦都通过教育的概念变得有意义了。

通过创造性地接受经验进行自我教育，实际上是洪堡政治学说中无论哪一极的主导概念，即无论是在他主张的个人道德观上，还是在他对可能的历史进步的临时性暗示中，都是这样。他的社会和政治信条基于**教化**（Bildung，也译为教育）的极端重要性这一观念，借助这一观念他所意指的是，个人、社群或人类最全面、最丰富和最和谐的发展（《论国家作用的界限》第一章）。【19】洪堡认为，人生要过得像它应该有的样子，它是一种无止境的努力，以调和连贯的个性和对最多样经验的最大接受，同时还是对需求与义务之间永恒张力的接受，即人一方面**需要**独特而和谐的自我，另一方面**应该**尽可能地吸收生活中情感和智力的可能性。正如他在《论国家作用的界限》中指出的："人的真正目的，或曰由永恒不变的理性指令所规定而非变幻不定的欲望所表明的目的，乃是令其能力得到最充分而又最协调的发展，使之成为一个完整而一贯的整体。"（参见正文第10页）与"变幻不定的欲望"相对的是"永恒不变的理性"，在这里可以清晰地看到康德的回响，稍后，我们将必须回到这一回响对于洪堡学说的意义。

洪堡思想的更鲜明的特征出现在几行之后，他极力强调人类需要"多样化的环境"，如果他们想要把自身力量发挥到最充分的程度的话。此外，洪堡强调的义务，即保持一个人的个性作为"完整而一贯的整体"，不仅仅是一种平衡，还是这种对多样性的坚持的必然结论。因为，只有保持和发展自己的个性（Eigentümlichkeit），一个人才能为其他人的"多样性的环境"做出贡献，正像其他人以他们自己的个性为他做出贡献一样。（参见正文第12、27页）

从他的信简和早期文章中可以看出，洪堡很早就提出了这一"教化"概念，即通过多样化的经验的滋养，可以成就和谐的个性，但这不是不经斗争就能实现的。当还是一个孩子的时候，他就钦佩斯多葛派，并且在整个一生中，甚至在他最活跃的公职生涯时期，他都有一种强烈的念头，将人生视为一出从超然的旁观者的有利角度来看的戏剧，并且培养一种内在的不可触摸的东西。他对吸收经验的推崇，部分是对情感贫乏的刻意厌弃，是对受伤机会的接受。另一方面，他显然有一种天生的、不知满足的、浮士德式的或收集癖的特性，[20]这一特性与助长了它的那种"智力影响说"无关，而且，他用"智力影响说"来为这一特性辩护。他人生的青年之旅就是在自我提升上的不知满足式的锻炼。甚至他的婚姻也被作为所有教育机会中最崇高的而必然被神圣化了，这是一个十足的悖论，两个独特的个体志得意满地成为一体，而同时却又各自志得意满地保持着自己。（参见正文第24页及其后）

当然，教化的概念，无论就德国文学还是社会哲学来说，都不是洪堡特有的。"教化小说"（Bildungsroman）作为一种十分独特的文学体裁，足以当得起这一名字。[21]赫尔德在阐述自己的人文主义理想时也用到了这个"教化"概念，其重点与洪堡说的"多样性的必要性"相似。从某些方面来说，对教化的关注可视为德国虔敬主义的世俗版本，虔敬派本身是新教的一个变种，追求繁重而坚毅的精神与彼岸世界。它还为十八世纪晚期的德国知识人（尽管并不直接适用于洪堡），如教师、牧师、妇女、新解放的犹太人，提供了一个事实上不切实际的理想，这些人接受的教育超出了当时社会环境的要求，也没有实现的机会。洪堡本人年轻时属于一个小团体"进德会"（Veredlungsbund），一个旨在性格上互助提升的高度精神化的团体。当然，共济会提供了另一个更体制化、本质上相同的出口。

教化理念的一个微妙的吸引力在于，它比启蒙运动的理性指引之光更能适应新流行的诸般美德，比如情感、感性、热情和独创性等等。教化可以被表象为一个准有机的和辩证的过程，它是对个人和他的环境之间，以及他自身天性不同侧面之间的创造性紧张的无止境的接受和无数次的暂时调和。有机比喻和审美比喻都有助于理解这一过程。洪堡本人深信，成功献身于教化的人生本身就是一件艺术品。它满足了这样的要求：它既是目的本身，不受功利主义或商业标准所评判，也是将原始体验和自然、自发的活力融合为令人满意的和谐一致的塑造过程。此外，在洪堡所属的美学流派中，艺术作品这一概念本身倾向于以有机的术语来阐述。"［这种］诗性创造力的概念——一种自我组织的过程，通过内在的定法将不同的材料化成一个整体——借用了有机成长概念模型的许多典型特征。"（参见正文第77页）[22]

有机比喻适合于教化的阐释。一个有机体随着时间而发展，它的形式不是从外部强加给它的；它是自主的。它跟环境的关系既不是被动的，也不与环境脱节；它吸收它需要的东西，将它转化成自己的组织（tissues），在蜕变的奇迹中将形式强加在异质而原始的质料之上。最重要的是，尽管它是自然的一部分，没有环境就无法生存，但它创造了自己，而且整个发展过程就像是出于一种内在的必然性。同样，对于赫尔德这个也许是有机类比最伟大的宣传者来说，正如F. M.伯纳德指出的，教化是"一个互动的过程，一个'有机的''形成'过程，人们通过这一过程在特定的社会环境中相互影响"。[23]同样的说法完全适用于洪堡。

在将历史视为人类作为一个整体的自我教育时，使用教化的概念同样会有便利的结果，这对于赫尔德和洪堡来说都是如此。它使阐述者能够为早期文明的原始性和诗意性找到一个值得尊敬甚至光荣的历史角色（启蒙运动低估了它们），同时还为依然具有吸引力的进步观念留出了可能的空间。正如洪堡所看到的，[24]也正如他在《关于宪法的思考》和后来在《比较人类学计划》（1795）中指出的，历史不是简单的、累积意义上的进步，而是一种辩证的进步，因为人类总是先探索一系列潜能再探索另一系列潜能，从一种片面性摆向另一种片面性（Einseitigkeit，洪堡用这个字与上文的Eigentümlichkeit［个性］相对应）。（参见正文第141页）但是，这里有某种进步的暗示，因为随着每一次探索，每一次"片面"发展，人类的经验就变得越来越丰富，所以**潜在的**个人文化经验也就变得越来越丰富。每个个体能够在多大程度上将他的潜力实现出来，这取决于他的机会和能力，用以吸收历史为其提供的人类文化经验并使之成为一个连贯而平衡的整体。"这是最热烈的幻想所能想象的人性的最高理想，"洪堡在《关于宪法的思考》中写道，"每一个实际的瞬间都是一朵美丽的花，然而只不过是仅此**一朵**。唯有记忆才能将过去和未来绑在一起扎成花环。"【25】（参见正文第11页）

　　这听起来像是黑格尔绝对意识的一个实验性和缩微化的版本，在其中，所有的矛盾都被解决了，就像黑格尔把哲学家的任务看作回顾性的，把哲学说成哲学的**历史**一样，这同样让人想起洪堡的教化概念。无论是得到最好培育的个人，还是最完整的哲学，都是能够最成功地吸收和最充分地包含各种文化和道德承诺的那一个，这些东西是由人类带入历史进程的，而且显然在许多情况下是矛盾的。这一在措辞上也许比黑格尔版本更谦逊的观念，绝没有死去。在一个更为受限的脉络中，T. S.艾略特对传统和个人才能的讨论看起来是它的一个版本。沃尔特·佩特笔下的蒙娜丽莎，这个最黑格尔化的女人❷，是它的一个形象。它还提供了一个有争议的标准，用以检测不同个体之间文明教养的高低差异。它继续为学术史家提供了一个他们可能不再相信的作用，用阿克顿勋爵的话来说："政治科学是历史洪流的沉积物，就像从河沙中淘出来的金子。"

Ⅲ.洪堡多样发展的人性理想的困境及其三个解决办法

洪堡认为有教养的人是世界历史的道德博物馆中的鉴赏家。这一清楚明白的表述，可能会让一些人不以为然，他们觉得这是一件微不足道且不真实的事情，因为相比之下，在一个缺乏历史感的静态社会中，社会生活即便受到严格限制，但仍然充满活力，在这样的社会中，道德要求只是在对部落成员的教育中给出的，道德实验的问题还没有出现。还有一些人可能会强调后者视野有限，选择范围狭窄，可能没有能力在应付前所未见的情况同时，又不会迷失方向，失去自控或自尊。这就像关于教育究竟是教给一个人以小见大还是以大见小的争论，是没有答案的。尽管如此，如果洪堡的理想显然只能被一个有教养的精英所接受，那么它的确是这样一个理想，即试图从道德和文化的角度来理解知识分子往往视之为理所 xxxiv

---

❷ 译注：这里指佩特借评价达·芬奇的画作重新塑造的蒙娜丽莎形象，他认为蒙娜丽莎是"时代精神"的象征，所以这里说她是"女人中最黑格尔化的"（most Hegelian of women）。

当然的情况。如果说洪堡的方子看起来有点书呆子气，那么最常见的替代选择也可能不是完全无意义的，即对部落习俗、关于自身地位及其义务（假如我足够幸运能够确切地感觉到它们是什么）的道德观的形成，抱有一种休谟式或黑格尔式的刻意的自我屈服：一些部落就是拥有奇怪的习俗，某些地位可能就是不开放的。

洪堡所建议的这种文化鉴赏力，其结果是否能像他所暗示的那样均衡、自然和可控，是另一个重要的问题。作为一种生活方式，它很容易让人觉得荒唐可笑、矫揉造作、前后矛盾。洪堡自己的生活，似乎确实给人某种雕琢（artifice）感，如果说还不是做作（artificiality）的话，【26】但没有人觉得这是可笑的。如果我们公平地对待洪堡，那么我们就不能设想对他的理想的描述必然会招致的那种冷酷的杂学旁收论（cold-blooded dilettantism）。这种不动声色的冷感，必然是在描述中而不是在实际生活中产生的。杂学旁收的半吊子当然是对教化的拙劣模仿，但从另外一个角度看，它何尝不是对人生只有一次可活这种局限性的强烈而持续的抗议。从某种意义上说，这是徒劳的。洪堡对于"最终失败不可避免"的回答，不是斯多葛式的拒绝欲望，而是接受每一个机会和每一种可能性以求相对的成功。认为洪堡的理想是在人生和历史的各种小玩意中蜻蜓点水似的拣选，是错误的。相反，他提倡的是热情的承担和对风险的接受。

不幸的是，他没有什么文学天赋，无法用文字为他的理想赋予光焰和色彩。他只能用说教的方式来描述它，而没有达到文学水准的说教听起来更像是傲慢。当然，对于我们来说，他还遭遇着额外的不利，套用成语说就是，他既跟我们言不同调又生未逢时。让我们清醒地记住，洪堡在十九世纪的声誉，主要来自他作为那种让收信人变得比实际上更高贵更优秀的信件的写作者，而非来自我们现在这种非常流行的自我表达模式。人们觉得，洪堡应该写一部教化小说；但是他没有，尽管据说他曾尝试写一部。

　　我们迄今为止用来描述洪堡态度的词语——鉴赏力、实验 xxxv等等——似乎都不够用；它们都意味着过于冷静的刻意。毫无疑问，洪堡有强烈的自我欣赏倾向，但是他不厌其烦地提及教化，这种什么都想来一把的印象表明，不同的生活方式吸引他的正是它们身上那种纯粹的吸引力和情感感召力。贪婪的动机跟好奇心或自尊同样强烈，尽管这三者交织难分。正如洪堡曾经写道的："一个人在离开人世之前，必须尽可能多地了解和吸收人性的内在表现。对我来说，一本重要的新书、一门新的课程、一门新的语言，可以说都是我从死亡的长夜中夺出来的东西。"[27] "我想要更多更丰富的生活"并不仅仅是经验的公理，也不仅仅意味着浮士德式的杂家。当然，我们也不需要把不同生活方式的历史知识对我们的影响看得那样浅薄直白，就仿佛我们是在不同历史时期典型的经验模式中间刻意挑选样品。

　　于斯曼的德泽森特，《逆天》（*À Rebours*）里的英雄，这位试图思考历史的具有历史头脑的唯美主义者，是否能够吸引洪堡似乎颇成疑问。洪堡绝不是一个追求轰动效应的人。他仍然十足是一个十八世纪的人，希望保持理想的人性的观念。他把一个人的文化经验的每一次扩展，都视为这个人对这一理想人性概念的扩展。"从人类的整个历史中，"他写信给席勒说，"可以描绘一幅人类心灵和性格的图画，它完全不像任何一个世纪，也完全不像任何一个民族，然而，所有世纪和所有民族都为它做出了贡献。"[28]洪堡的《比较人类学计划》写于《论国家作用的界限》之后三年，也是生前未曾出版，该书旨在尝试展示这一人性理想应该如何被描绘，它不是先验地带有特定时代伦理道德的所有限制，而是经验地包含了人类文化的全部丰富性，历史不断地为其加添（新的内容）。

无论如何，通过这个被历史感和文化多样性所启发和丰富的"教化"概念，洪堡打算描述的并不是我们只能带着窘迫或荒悖的自我意识去做的事情，而是我们几乎已经对之无能为力的事情，不管我们是否意识到这一点。洪堡承认，人在很大程度上是受限于他们继承下来的传统和他们居于其中的集体文化环境。如果不是这样，提议从人类学上将人加以比较就是荒谬的了（参见《论国家作用的界限》中的评论，见正文第11、140—141页）。我们不得不属于一个充满历史记忆的文化。因此，我们可以并且不时地使用历史框框作为我们个人描述语言的一部分，而且坦白地说往往并没有多少历史学或心理学的技巧，而是顺口道出的，比如"文艺复兴人""清教徒""中期维多利亚人""世纪末"等等。[29]换句话说，过去的文化模式留下了鲜活的痕迹，要求我们关注甚至效忠。只要我们对过去有所感觉，我们就能够理解和描述这种情形。如果我们还欢迎它，而不是想消灭这所有的框框，只留下被冠以启蒙、进步、功利、常识或诸如此类之名的那一个，那么，我们就是创造了洪堡式的关联，将对过去及其多样性的感觉跟对当下机会的感觉连接起来。

如果这是真的，如果历史感是从一个人当前环境的既定标准中可能解放出来的一个方面，那么，"通史"（historiography）和"分期"（discrimination）之间的关系就是或已经是互补的关系。因为，在十八世纪末十九世纪初，人们对不同历史时期的细微差别以及它们所体现的有用价值的日益敏感，是与对当代社会的批判直接相关的。正是因为与这种批判以及使这些批判具有合理性的社会状况的密切关系，人们才不得不看一看可以说是（批判者所追求的）另一面的东西，即洪堡在道德和文化问题上那种看上去有点浪荡汉意味的态度。正是这种对过去及其记录的切实相关感，不是对人类罪行和愚蠢的感觉，而是对各种各样的生活方式和社会组织的人类实验的感觉，进入了对 _{xxxvii}当代社会的特定形象和构成现代性的概念的重新评价和批判之中。如果将被批判的这幅形象作为十八世纪晚期社会和"启蒙"态度的真实写照，它毫无疑问是过于简化了。但它是一幅主要由批判对象自己——进步的欢呼者和启蒙的宣传者——绘制的漫画，因此，即便它不作为事实，也可以作为一种渴望而被正确地批评。

这种批判的核心是，进步并不仅仅是一个累积性的过程，这里面也应该有一个"致谢栏"，因此，人类的过去状态，不仅提示着因超越它们而感到的沾沾自喜，还意味着自我批评的材料。在此类批判中，最为声名狼藉的是卢梭对"纯粹虚构的过去"（这一点不可否认）的援引，并且大多数后续的批判，包括洪堡对家长式国家的批评，都求助于这种虚构；但是进步批判还有其他可资利用的来源。例如，梅尼克发现，"大历史"（Historismus）发展的一个主要动力是小邦割据势力对进步理想的批评，[30]即德意志那些小王国、小公国对地方、传统和习惯元素的顽固捍卫，对现代国家那种拉平化、理想化官僚制度的反对。这显然是一种反抗，并且很有可能会得到官僚体系的出走者洪堡的同情，尽管法国的威胁告诉他德国人需要强权不亚于需要独特的多样性。

但是还有其他一些进步批判与洪堡的人文主义理想更直接相关，而无关乎寻求辩护的保守主义者的理想。例如，席勒是继卢梭之后首屈一指的进步批判者，他的批判已成老生常谈，并且与对一个特定过去文明的重新评价连在一起，那就是古希腊。席勒在《审美教育书简》里写道：

希腊人不只是由于具有我们时代所缺少的纯朴而使我们感到惭愧，而且就以我们的长处来说——我们常常喜欢拿这些长处来为我们道德习俗的反自然性自我安慰——他们也是我们的竞争者，甚至常常是我们的榜样。我们看到，他们既有丰富的形式，同时又有丰富的内容，既善于哲学思考，又长于形象塑造，既温柔，又刚毅，他们把想象的青春和理性的成年结合在一个完美的人性里。[而]在我们这里，几乎可以这样说，甚至我们的心灵能力在经验中的表露也是被分割的，简直就像心理学家在想象中对它的区分一样。我们看到，不仅是单独的主体，就是整个阶级的人也只是发展了他们禀赋的一部分，而其余的部分，就像在畸形的植物身上，只能看到一点模糊的痕迹。 xxxviii

这种伤害是自找的；个人整体性的丧失是我们为集体成就付出的代价：

给现代人造成这种创伤的正是文化本身。只要一方面由于经验的扩大和思维更确定因而必须更加精确地区分各种科学，另一方面由于国家这架机器更为错综复杂因而必须更加严格地划分各种等级和职业，人的天性的内在联系就要被撕裂开来，一种破坏性的纷争就要分裂本来处于和谐状态的人的各种力量。这样，直觉知性和思辨知性就敌对地分布在各自领域的界限里。由于人们把自己的活动限制在一定的范围，因而随之在自己身上为自己建立了一个主宰，这个主宰在不少情况下是以压制其他的禀赋为己任的。一方面，过分旺盛的想象力把知性辛勤开垦的地方变成一片荒芜，一方面，抽象精神又在扑灭那可以温暖心灵和点燃想象的火焰。[31]

洪堡没有任何诊断像这样清晰有力；相比之下，他在《论国家作用的界限》中对这个主题的评论是零散的。在其他地方，他把大部分责任归咎于基督教，归咎于那个苍白的加利利人的险恶胜利，就像席勒在《希腊众神》（ *Die Götter Griechenlands* ）中所做的那样。[32] 不过，他完全赞同歌德和席勒对希腊人的赞美，认为希腊人是"和谐的人之整体"的典范。他在紧随《论国家作用的界限》完成后写的一篇文章《论对古代特别是对希腊的研究》（1793）中，表达了上述评论。席勒的《审美教育书简》在精神上比那个时期的任何其他作品都更接近洪堡，这可以从两个人密切的思想亲缘关系和相互的钦佩中看出。不过，由功能的专门化或对人格中某些元素的低估而导致人的支离破碎，这样的抱怨十分常见。例如人们会发现，在亚当·弗格森身上（洪堡小时候曾学习过他的道德哲学），这是对文明和分工的批判的一部分。甚至在那些其思想构成里保留了更强烈的启蒙思想成分的人物中，例如杜尔哥、德·斯塔尔夫人和邦雅曼·贡斯当，[33] 也承认进步和理性的运用天生会变得枯燥乏味。把这些加起来，人们也会感觉到一种模糊的、零碎的文化继承，而不仅仅是知识和力量的累积性遗产。在这样一个脉络中来看洪堡的多元文化理想，更有助于走出它的泛滥无度的特征（wantonness）。

当然，摆脱困境的一个简单方法是采用一个特定的理想化的过去作为标准，比如温克尔曼的希腊或施莱格尔的中世纪。洪堡在《论对古代的研究》中对希腊人的赞赏庶几近之。然而，他那种认为每一个时期都是**一个**特定的人类片面性的发展的教条，他对历史的辩证态度，从根本上排除了这种方法。就像席勒在《审美教育书简》和《论天真的诗和感伤的诗》中一样，洪堡追求的是一种历史哲学，这种哲学可以让希腊人成为典范，但却不能是最终结论，它可以让海伦和浮士德结婚并让他们生育后代。

　　然而，在考虑洪堡于此取得了多大成功之前，我们必须注意到洪堡著作中另一个密切相关的主题：他对民族性格和语言的兴趣。因为不仅是过去的文明在用各种各样的声音说话，而且它们每一个都要求得到应有的地位。如果历史可以被看作风格和道德的博物馆，那么对于普世主义的知识分子来说，当代欧洲就可以被看作它们的市集。意大利，乃至德国，以它们截然不同的方式，似乎为法国腔调的理性和古典形式的经典提供了有效的替代品，这些经典号称的不可替代性曾经让伏尔泰的历史判断充满了信心。因此，在十八世纪末十九世纪初，像"南方的快乐""拉丁式明晰""日耳曼的精神性"诸如此类的泛泛概括格外流行，对文化的民族多样性的广泛迷恋俘获了各种各样的知识分子，从斯塔尔夫人到司汤达，以及我们这里必 _{xl} 须加上的洪堡。对这些争奇斗艳的塞壬之声的兴趣，诸如热情似火的西班牙、感性的意大利、冥思神秘的德意志等等，还有对可能实现的综合的信仰，如对融合希腊和日耳曼精神作为新文明基础的长期追求，所有这一切都起自一个基本相同的来源，正是它使历史哲学成为如此受欢迎而又致命的十九世纪游戏：那就是对模糊的文化继承的感觉，对文化要求之间和文化机会之间的矛盾的感觉，它们需要被综合、被超越或被辩证地理解。

如果洪堡如此强烈地拥有这种感觉，却没有对民族性格形成中同样的吸收游戏做出贡献，那就是奇怪的了。事实上他正是如此做的，先是在他的《比较人类学计划》中，后又更细致地在他的比较语言学著作中。前者是一个大胆的尝试，勾勒了后来斯塔尔夫人在德国人身上尝试可以实现的方法：刻画一个民族及其文化的"格式塔"（Gestalt，形态），并分析这种性格塑造可能会对教化做出的贡献。在这篇文章中洪堡本人仅提供了一个方案。他自己对这一成就的贡献是他的比较语言学著作。成熟期的洪堡同意赫尔德的观点，一个民族的"格式塔"通过它的语言可以看得最为清晰。他在《拉丁与希腊》（*Latium and Hellas*, 1806）一文中写道，没有对语言的研究，"任何理解独特的民族性格（Nationaleigentümlichkeit）的尝试都将是徒劳的，因为只有通过它的语言，它的整个性格才能表达出来"。[34]每一种语言都是有价值的："任何语言都不应该被谴责或贬低，即使是最野蛮部落的语言，因为每一种语言都是原始的语言天赋的一幅画面。"[35]

每一种语言的独特价值在于它是世界丰富性和多样性的一部分，这一观念是"不同文化和不同历史时期具有独特价值"的一个类似宣称。这与德国人努力提升他们母语的地位（尽管这似乎对洪堡的论证并不起多大作用），进而摆脱法国的文化支配，若合符节。这在旧的"存在之链"理论中也有可意的先例，即它关于"填满"（plenum）的说法；大地上充满了各种各样的有机相连的居民，是上帝出于自己的目的规定的，因为否则的话，创世就不会如现在这般完整和完美。这个信条与犹太人的功利主义说法正好相反，犹太人认为创世只不过是上帝赋予人类为了自身利益可以使用和操纵的东西。这个信条通过莱布尼茨的形而上学进入了十八世纪的德国思想。[36]它对赫尔德的思想和歌德的"自然哲学"思想的形成都有影响，而洪堡跟这两者都有极强的亲缘性。正如歌德所说："每一个物种本身就是目的（Zweck sein selbst ist jegliches Tier）。"[37]

每一种多样性之所以值得认可，仅仅因为它就是这样存在的，这一说法显然可以应用于各种文化模式的存在及其不同种类的吸引力。然而，这种普遍的宽容并没有解决个人面临的问题，个人可能会在展示给他的丰富性面前感到窘迫，并且作为一个支离破碎、没有秩序或过于专门化的文化的一员而会感到厌烦。反思不能被放弃，天真的整体性也不可被意志行为重新设定。对文化规范的多元性倾注如此多的关注和思考，其根本原因恰恰是，文化的同质性或对这种同质性的信仰已被知识和多至扰攘的传统生活方式所破坏。我的文化及其意义很容易会被视为既不精确也不令人满意的一个指南，就跟我的地位及其义务一样。

面对这种情况，看来基本上有三种可能的答案（当然，除了存在主义者宣称的那种英雄般的绝望，人只有接纳它才能创造自己的价值）。三种答案表面上看并不是不相容的，把所有这三个都试个遍，这正是洪堡的特性。第一个答案，涉及对作为"文化变迁"序列的历史的态度。这个序列可被认为本身就是有意义的、合理的和权威的。这就是那个被卡尔·波普尔爵士赋予通行意义的"历史主义"的道德核心。这种证明可以被接受，是因为这个过程被认为或者是累积性的（实证主义的版本）；或者是多重性的，所有的部分在它们发生的时候都被证明是合理的，因为它们创造了多样性（赫尔德）；或者是启示性的———一种基于某个既不可避免又高度可欲的完善性的证明（例如，马克思主义）。这些版本并不是绝对相互排斥的；它们能以各种各样的方式组合，尽管没有理论能同等程度地强调所有这些方式。因此，实证主义理论可以包含辩证的元素，而启示性或多重性的证明也可以包含累积性的元素，因为马克思主义认为技术进步是累积的。而洪堡虽然倾向于多重性的证明，似乎也暗示了某种累积性，因为在历史不断翻滚出产的情形下，文化选择的丰富性在不断增长（参见正文第14页）。

第二个可能的答案通常完全不涉及历史（尽管在洪堡的版本中是这样）。它本质上是脱离对社会和文化的必然需要而创造浪漫的美德。精神的无根和社会的脱嵌被美其名曰"渴望"（Sehnsucht），以各种方式象征着对无限和无法实现之物的渴求，并转化为核心的美德。这样做是出于有意识地蔑视有限且相对明确的美德，这些美德立基于公认且合意的社会状况，如今则被作为庸俗的自满而视之为耻辱，就好像菲利普·斯坦霍普开始反过来给切斯特菲尔德勋爵写忠告信一样。❸这种反应通常限于文学上的表达；政治和道德哲学家——后者习惯性地沉浸于古怪的激情中，只讨论最无趣的美德——却对此几乎没有热情。然而，洪堡却表明浪漫主义——这里使用这个词似乎是合适的——**能够**采取另一种政治形式，而不是启示录般的妄想、粗暴的反叛，或者是对鲜血和大地的神秘性的束手臣服（我们习惯于从这两者中寻找神秘性）。换句话说，洪堡拾起了浮士德的主题，即永不满足的渴望，不知休止的精神流浪，并且追问它的**政治**含义。不过，他不能把事情就搁在这儿，因为他不只是甚至也不主要是一个浪漫主义者。不知餍足和变化多样是教化的组成部分，但却不是它的全部。它们提供内容，却未提供形式。像一个优秀的日耳曼希腊主义者一样，洪堡也坚持和谐，同时像一个优秀的康德主义者一样，他也坚持服从理性和道德法则。

这最后一个要求把我们带到了第三个可能的答案，以回答 ^{xliii} 我们之前考虑过的道德错位的问题：对绝对的道德命令的狂热接受，在面对不同文化方式、不同职业的道德要求时却是中立

---

❸ 译注：切斯特菲尔德伯爵（1694—1773）在他的儿子菲利普·斯坦霍普未成年时，就开始给他写信，直至儿子去世。在这些书信中，他把自己宝贵的人生经验和处世感悟，通过深情的教诲和极富文学魅力的灵动笔触，毫无保留地告诉儿子，给儿子在学识、品格、仪表、交际、事业、生活等方方面面提出了极其宝贵的人生忠告。在父亲书信的教导下，菲利普·斯坦霍普终成为英国杰出的外交家。两个多世纪以来，切斯特菲尔德勋爵写给儿子的信风靡欧洲各国，成为西方贵族式教育的典范。参见切斯特菲尔德书信集《一生的忠告》中文版图书简介。布罗教授在本篇导言中，对这个典故反其意而用之。

的，因为这种道德命令关注的是一个行为被做出的动机，而不是那个行为的内容。因此，一个人能够拥有最严格的伦理标准所赋予的全部安全感和使命感，同时在制定这些标准时，显然不要求将善良天真地局限于任何特定时期或社会的规范。这就是康德的伦理学在洪堡那里所发挥的作用，善良动机的定义是：一个人为其自身之故而欲行好事（善良行为）的那个动机。然而，这仍然留下了一个悬而未决的问题：如此欲行的好事的内容究竟是什么。为了完善康德的动机伦理学，完善他对善良行为的正式刻画，最常见的办法是提供保证是善良的行为的内容，这种善良行为**然后**可由正确的康德式动机被做出，而这个办法采取的形式是，求助于行为主体自身所在社会那些实际的、公认的标准。这也正是黑格尔在《法哲学原理》以及在英国由 T. H. 格林和 F. H. 布拉德利在不同的完善程度上所提倡的东西。另一方面，对洪堡来说，这种内容是由个人的经验及其对经验的吸收提供的，个人将这些经验吸收进越来越丰富的存在中，而康德的伦理观发挥着限制条件的作用，将**某些**经验排除在外：排除那些会与康德的绝对命令相冲突的经验（第八章）。[38]

Ⅳ. 洪堡调和主义的审美性特点

然而，在这一点上，我们不能再逃避我们已经回避了一段时间的问题：洪堡真的能调和他的浮士德主义和他的希腊主义，调和他的不知餍足的伦理和他的永恒不变的康德式命令吗？教化的概念事实上是否为洪堡发挥了他想让它发挥的所有作用？内容的问题再清晰不过了：它**就是**最大可能的机会多样性和吸收的丰富性。导致困难的正是形式和内容的关系问题。"接受经验"的限度是什么并且如何控制？"成功吸收"的意思是什么？"和谐"的意思是什么？力争潜能的**和谐**实现的要求与康德式的要求——可接受的行为必须在一定的道德限度之内，并且是在赋予行为主体内在自由的某种精神之下被做出的——是一样的吗？还是两者是不同的要求，前者是审美的，后者是道德的？ xliv

当然，康德的伦理学与洪堡的全面和谐的人格的人文主义理想有共同之处。例如，它们都与功利主义相反对，关注的是被视为道德整体的人，而不是零散的快乐或满足的接受者。但是，和谐是审美标准而非道德标准。它不是通过服从任何特定的伦理命令来实现的，而是作为某种个人身上的匀称和平衡而**被视为**实现的，就像在一件艺术作品的连贯性中那样——尽管经过新古典主义、形式主义的批评家的努力，在这上面已经没有了公认的公式。（参见正文第78—79页）有一点很重要，洪堡、赫尔德、席勒与黑格尔一样，否认康德断言的喜好与义务之间的必然对立。[39] 在完全和谐的人格里，不会有这样的裂隙。相信这种必然的对立，是现代人不幸且破碎的意识的一个方面，是人的感官本性和精神本性的撕裂；鉴于有过实现出来的灵性整体，比如在希腊人身上那样，对立的信念是站不住脚的。在这一点上，洪堡的人格审美学要比康德主义的良心具有更多的优势平衡。实际上，一种文化宗教很难与号称绝对的道德法则要求不带紧张地和平共存。

不过，有一个建议，如果我们能够采纳，将使洪堡的要求成为一种更传统式的伦理标准——虽然不是康德式的了；也就是说，这个建议最终指的是"量"。换句话说，存在这种可能，让"潜力实现的最大化（量）"的要求与"保持它们之间的和谐平衡"的要求成为相同的。事实上，这里所需要的仅仅是一个在功利主义伦理学脉络里更常用到的论证版本。在经典的功利主义学说中，所有的满足（快乐）本身都是好的；只有当与其他数量上更大的快乐发生冲突时，它们才变坏了并且要被禁止。这在逻辑上源于最初的功利主义公理，即（人的）目的是获得最大总量的快乐。同样，如果我们把教化的相应公理设为潜力实现的最大化的话，那么，我们就可以获得一个类似的"量"的鉴别标准：所有的经验探索本身都是好的；当且仅当它们妨碍了进一步的探索的时候，才是变坏了且需要禁止（举个例子：吸毒是一种经验的扩展，且表面看来如此之好，但实际上却会是坏的，因为它会通过上瘾最终导致涉身者经验的窄化而非扩大）。这不是一个纯粹的假设性建议。事实上，这种论证是英国自由主义伦理学一旦摆脱了功利主义的前提就要踏上的方向之一，这在霍布豪斯的伦理观中最为明显，它在很多方面都是从穆勒《论自由》（因而也是洪堡）离开的地方开始的。[40]

如果洪堡的教化理论通过这种方式实际上是关乎"量"的，那么它就达到了最大可能的逻辑一致性，仅仅需要让任何其他东西都追随这个初始的布道，即潜力实现的最大化。但是，只要回到文本，我们就会发现，洪堡本人从未采取过这一步。人们会合理地切实感觉到，对洪堡来说，"和谐"是一个人格的审美学问题，作为一种可被感知的美，它通过品味和感情而不是隐秘的边沁式得失计算而被感知。这可能会与潜力实现的最大化相吻合，但逻辑上却并不一致。可以确实作为洪堡这一概念先驱的，是沙夫茨伯里，而非功利主义者。[41]

　　洪堡不太可能采用纯粹的计算态度，因为他最终关注的既不是分散的快乐，也不是分散的经验，而是被视为灵性整体的人，尽管这个整体处在不断变化之中。

　　因此，洪堡布道的三个指南，在逻辑上依然是三个相互独立的原则：通过吸收多样化的经验发展自己；使之和谐地发展；并且在康德式的道德法则的限制下发展。这并不是说它们必然是不相容的，而是说它们必须被调和，如果真有可能，通过类似艺术创作的方式来调和。它们从形式上不能互相推出。当然，这也提出了一个问题：洪堡自己在行文中是否做到了成功的调和。这种不调和，如果有的话，显然最有可能发生在康德主义元素和浮士德主义元素之间。我们已经说过，前者限制了后者可被允许的范围。国家在洪堡的政治学说中扮演的角色，正是康德的道德理性被设定在教化中扮演的角色。它不创造；它只限制。它的存在是为了在实践中执行公正和普适的规则，这些规则是理论上的绝对命令所规定的：对他人的平等权利的绝对尊重。但是因为规则是普适的，所以会使用统一的强迫，而反过来为了教化的利益，这些规则必须受到严格限制，教化才是那个积极的、重要的、创造性的原则。但是，这两者之间的紧张是一直存在的，就像在洪堡的个人生活中，发生在他的公共义务感和他对投身于作为私我的自我教养的渴望之间。这种紧张在他的作品中只是偶尔迸现，在他的整个思维结构中似乎并没有什么位置。

比如，当洪堡声称诸善之间从不冲突（参见正文第27页），他的意思是什么？这肯定是一种康德式的陈述：康德式伦理命令不会冲突，因为根据定义，它们是普遍适用的。但是如果把洪堡的陈述应用于教化的内容，就肯定是错误的。没有一个人，甚至没有一个时代，**能够**实现所有的人类潜力，即便是那些值得认可的潜力。一个人必须做出选择，而且正如洪堡自身所显明的，达到和谐的人格，确乎是一项绝技（tour de force），而不是一种主动的化合。的确，洪堡提到了"人性的理想"，但是同样明确指出的是，在任何特定的时代，它都是无法完全实现的。文化传统的存在在教化中扮演着一个角色，但它与洪堡的个人主义的关系还没有完全弄清楚。例如，当马修·阿诺德读到，放任每一个人尽可能地随心所欲就能成就一个文化，他必定会十分惊讶。当然，洪堡和阿诺德面对着不同的社会环境：对洪堡来说，面对家长式的专制政体，对文化人的需求必定就没有对多样性的需求那样迫切；而对阿诺德来说，由于憎恨他所看到的维多利亚中期英国自由放任（laissez faire）导致的遍地庸俗，一个得到国家支持的文化人阶层就是唯一

xlvii

的答案。

　　不过，洪堡并没有彻底摆脱困境：这发生在他最重要的公职生涯中，即他对国家之于教育的作用的态度，相比于阿诺德的高调支持，洪堡的回答自然更为含糊和矛盾。在他公职生涯的不同时期，洪堡对国家教育的态度是不一致的，这不仅仅是他对爱国热情的让步：它道出了自由文化本身的困境。如果不是首先将这一文化强加给人们，你如何才能让他们意识到，这个传统既可以把他们的活力塑造成一个连贯的东西，又能通过它的多元性为他们打开新的自由的可能性？即便在他出任部长的时候，洪堡仍然希望教育尽可能地保持多元化，但困境依然存在。只有一个受过教育的人才会充分利用自由，或者在现代条件下可以将自由托付给他，但是，任何一种教育体制——不同于《爱弥儿》——都不免要做出重大的决定，恰恰要影响那些还没有能力做出选择的人的性格结构。普鲁士中学的大纲也许比其他任何可能的选项都更加宽广，但它依然是在诸多可能性中做出的一个选择。实际上你可能会说，因为这是自由主义的核心困境；如果洪堡会在任何一点上从《论国家作用的界限》的极端自由放任立场上后退，他最有可能的就是从教育自由上后退，不管有没有耶拿战役。顺便一提，洪堡对穆勒的影响与对阿诺德的影响形成了强烈的对比，前者是通过《论国家作用的界限》（如果这种影响成立的话），后者则通过对普鲁士教育体制的推崇。

　　为了再次思考洪堡文章中康德主义与教化的关系，我们可以看看文章中的几段。（参见正文第22—23页）在其中，洪堡对农民和手工艺者的活计赞不绝口，宣称卑贱的工作也有绝对的价值，只要它是被自由选择的，并且工人在把自己投入本身即为目的的工作时找到了自我实现。对此，我们应该如何理解？当然，这些段落本身并没有什么不同寻常。我们对此似乎有些耳熟能详了，它让人想起马克思的异化理论或威廉·莫里斯。在黑格尔的《历史哲学》中有一段几乎相同的话：

xlviii　　　一种范围有限的人生（比如说牧羊人或农民）的宗教和伦理（Sittlichkeit），就其高度集中和限定于一些绝对简单的人生关系来说，是有无限价值的；就跟一种见多识广、关系复杂、行动丰富的人生的宗教和伦理具有同样的价值。【42】

这段话（指前述洪堡对卑贱手艺的赞美）出现在洪堡这里不免有些特别，因为这可是在洪堡这里。读者一定会把它跟正文中的下述断言（参见第63页）相比较，并且得出洪堡"脚踏两只船"的结论："适才提出的美德概念只适用于政治共同体中的少数阶层，也就是说，他们的地位使他们能够花大把时间和才力致力于自己的内在发展。"（这里意思相当明显）❹引自黑格尔的这段话在一个精致的形而上学和历史哲学中有其正当地

---

❹ 译按：此处布罗教授对原文有误解，这句话是洪堡自设的反驳意见，而非洪堡自己的主张。

位，这一哲学规定了"伦理"（Sittlichkeit）在整个系统中的确切地位和价值。同样，在一种纯粹康德式的伦理观中，洪堡前面的陈述也会是完全相容的。它是一种典型的做法，将康德式的高度道德理想主义灌输给"我的地位及其义务乏善可陈"的伦理境况，后者被行为主体动机的纯化升华为某种具有崇高道德价值的东西。在一个不太显眼的程度上，这与洪堡的文化纨绔主义是相一致的。洪堡给人的印象是，他提出的是一个高度精神性的要求，他的学说的其他部分为他提供不了什么证明，因此看起来属于纯粹的多愁善感。本质上，（他学说中的）激情与理性、浪漫的实验主义和康德式的内在自由之间，始终保持着裂痕，除非通过审美的比喻才能弥合。

Ⅴ.洪堡自由主义学说的独特性及其意义

尽管如此，洪堡的康德主义，就像他的教化概念一样，赋予他的政治自由主义一种独特的味道。自由主义的伦理和政治学说的一个主要来源就是企图避免有争议的道德基础，将可能有争议的伦理要求减少到最低限度，并寻求绝对的基本规则，没有这些规则，社会生活就是不可能的，因此它可被各种道德观点所能接受；因而它需要借助于自然状态图景的力量。例如，就像在洛克的政治思想中，除非通过一种历久犹存的信念，认为独特的道德以及审慎的规则可以被理性所发现，从而使这种探索的无情性得以缓和，否则结果就是一种必得面对的价值中

xlix

立的政治理论，它建立在道德放任的基础之上，只要求接受必需的基本规则，允许每个人过自己的生活和追求可能吸引他的目标。在这种观点下，政治制度和基本的道德规则不是美德的摇篮或号召纯洁神圣生活的号角，而是交通信号灯和高速公路准则，它不规定路上的旅人去哪里，而是提供一个框架，在这个框架下，他和其他人可以旅行到他们各自独立选择的目的地而不发生碰撞。

这种理论衍生的国家概念，借用拉萨尔的比喻，就是守夜人国家，这也是洪堡的观念。然而，洪堡的自由主义从根本上来说并不属于这一种。它最终求助的不是审慎的规则，而是一种道德训诫；接受教化是人类的理想，尊重他人的平等权利，接受这些原则可能带来的任何实际规则和安排。洪堡主要是动之以情理，而不像霍布斯那样用理性的审慎，在纠缠不休、相互冲突的利己主义之间进行调节；尽管霍布斯认识到有其必要，但他还是告诫人们不要相信行为端正的绵羊美德——这种对比大体向我们表明了这两人生活的社会背景以及他们各自的性情。洪堡对基本原则的表达，不同于他对其实践意义的探索，因此是修辞性的，而非准科学的。它是一个分享生活观的邀请，而不是一个"公路法规草案"。当然，这没有什么错，尽管它可能不会吸引所有人。例如，普拉门纳茨教授就表示了对他所谓"高度精神化的自由主义者"的某种反感，认为它不同于普通类型的自由主义（他乐于认同的），前者"对他来说有些家庭女教师的味道"。[43]不过，对于那些没有家庭女教师恐惧症的人来说，这似乎不是一个多么了不得的反对意见。

然而，有必要坚持洪堡政治学说的不同之处，尽管它是一种典型的和确实极端自由和放任的方案，但是它还是不同于那种一般的自由主义理想，即一个复杂的高速公路系统中的平稳运行、严格隔离的交通。他的社会理想实际上跟某种面相的社会主义有更多共通之处。那是一种理想的伙伴关系，在其中，每个个体都既是独立的，又是参与的：

> 真正的社交艺术的原则在于，不断努力把握另一个人最内在的个性，利用它，并带着最大的尊重反作用于他。因为要想体现这种尊重，一个人只有通过展示自己，并给予另一个人以比较的机会，除此而外别无他法。（参见正文第27—28页）

洪堡的思想似乎预示了席勒的"审美国度"的核心特征：

> 如果说在权利的力量国度里，人和人以力相遇，人的活动受到限制，而在义务的伦理国度里，人和人以法则的威严相对立，人的意志受到束缚；那么，在有教养的社会范围内，即在审美的国度中，人只需作为自由游戏的对象而与人相处。[44]

洪堡的理想的交往世界也许是一个稍更繁重的事，尽管它有着明显的亲和性。这是一个道德和智力影响的人格竞赛，在这个竞赛中，接受和给予同样神圣——这是自由贸易的一个文化模拟，所有人在其中都是受益者；一个人通过自身所是丰富了呈现给别人的世界，而别人反过来也为他做了同样的事情。这是一幅理想主义的画面，仅仅存在于对人类交往特征的某种抽象里；不过就实际来说，它跟经济竞争的自由主义模式或霍布斯的权力斗争没什么不同，后两者同样是建立在对人类交往特征的某种抽象之上。

　　根据某种普遍接受的分类法对洪堡的政治学说进行归类基本上是不可能的。如果一定要给它加一个名号的话，那么"卢梭主义"庶几近之，但如果不立即解释这指的是教育家卢梭而不是作为政治理论家的卢梭，那就会谬以千里了。自然状态、自然权利、社会契约在洪堡的文章中只有零星的提及。（参见正文第36、38、94、106、114页）它们从未被以典型的十八世纪风格搞成一个全套装备。洪堡所致敬的是那个写作《爱弥儿》的卢梭，宣称需要有人来为政治做卢梭为教育所做的事情，不屑于关注规则、律令和技术，而是从人内在固有特性自发、自然的发展的角度来思考政治。（参见正文第67页）在洪堡那里，没有提到《社会契约论》，"公意"的概念似乎也被明确否定了，尽管没有指名提及。（参见正文第36页）

　　既然缺乏对规则和模式制度的关注，也没有对后来的文化鼓吹者马修·阿诺德称为"机器"的东西的关注，那么也许并不奇怪，就像洪堡很少直接使用通常假设的自然状态/自然权利/社会契约之类的戏法一样，他也不效法孟德斯鸠处理最佳政府形式以及通过在宪法中建立机械制衡来捍卫自由的问题。

他说，他并不直接关心谁应该行使权力，而只关心权力应该行使到什么限度。（参见正文第3页）不过，在第三章的结论中，他确实触及了国家与基于国民自由联合的他谓之"国民结社"（Nationverein）的东西的区别。洪堡更喜欢以自愿的联合来执行公共的社会任务，通过这种偏好，他不仅呼应了"国家与公民社会"这个久已确立的区别，还预见了诸多十九世纪的政治学说，如民粹主义、无政府主义和工团主义之属。所有这些学说的共同理想根源，似乎就是赫尔德的有机共同体概念以及卢梭或康德的道德自主观念，即道德自主是人类尊严的本质，而通过外部制裁来限制人们的行为以便达到他们不会自动地有意识地接受的目的，就是剥夺了他们的尊严。正如洪堡所说："无论什么东西，只要不是出自人的自由选择，或仅仅是引导和指导的结果，都无法进入他的存在，而是仍然远离他的真正本性。"（参见正文第23页）将外在行为与内在性格对立起来，是内在于卢梭的教育学说的。对洪堡来说，这为他批判仁慈的家长式政府提供了基础。

洪堡的抨击，随着它的展开，提出了三种基本的批判。第一，家长式国家把它的臣民当成孩子来对待，无论多么仁慈，都是剥夺了他们人性的核心特征，剥夺了选择的自由，剥夺了像爱弥儿那样通过从自己行动的结果吸取教训来自发地发展自身潜力的机会。（参见正文第20页）第二，它降低了他们可以从中学习的经验的质量，因为通过为它的公民强加一种统一的性格，它剥夺了得到良好培育的个性之间富有成果的碰撞和接触，它让社会景观变得单调乏味。（参见正文第18页）第三，仅仅根据人的外在行为对他们施加影响，为他们做诸多他们本该学会自己去做的事情，这弱化了人的主动性和独立性，因此从长远来看也就削弱了社会自身："习惯于依赖外部支持的人，在危急时刻更容易自我放弃，因此走向更加绝望的境地。"（参见正文第21页）

前两个批判看起来更像是以教化的字眼转写了经济学中关于自由放任的论证；洪堡对这些很熟悉，尽管在这里它们几乎肯定不是他的直接灵感来源。第三个批判也是我们并不陌生的一个论点，即福利国家削弱了国民的道德品质。无论我们是否因为这个对他感到亲近，洪堡肯定是首先阐明这一点的人。以前的自由捍卫者认为国家会通过做明显有害于臣民的事而侵犯他们的自由，而想不到也会通过为臣民做好事而间接地耗散了他们的活力。上面引述的洪堡的那句话，揆之于腓特烈的普鲁士国家，可谓相当有力，因为当时和现在的评论家都一致认为，这种溃败恰恰就是在耶拿战役之后所发生的。[45]有洪堡参与的施泰因改革的指导目的就是鼓励更有活力的公民。

不过，洪堡在他的文章中并没有充分展开他关于公民自由联合的正面概念。他更加直接关心的仅仅是，为国家活动可被允许的界限提供标准。他区分了政府的三种职能，国家会以这些名义主张干涉和胁迫其臣民：第一，捍卫其生存；第二，提供社会福利；第三，保护公民的自由不受他人侵犯。他把第一个限制在一个非常狭窄的限度内。第二个实际上被洪堡彻底排

除在外。于是只剩下第三个。洪堡详细考虑了它实际上可能带
来的后果。我们从穆勒和托克维尔那里已熟悉了他的原则，即
政府干预的唯一正当理由是防止对他人的伤害。正如穆勒所说，
人的自身利益，并不是（干涉的）充分理由。

当然，这种关于国家职能的看法，实际上可能与传统的洛
克式自然权利理论没有什么不同。因此，洪堡没有更多地使用
自然状态/自然权利的公式，就显得很有趣了。这可能要归因
于这样一个事实，即随着越来越多的意识形态分量被加在它身
上，它的虚构性和武断性变得太过明显。《人权宣言》似乎不是
一个令人鼓舞的先例。但是，洪堡之所以没让它在自己的论证
中负起主要分量，很有可能的一个主要原因是——一个与他批
评新法兰西宪法基本相同的原因——它更多的是被一种静态理
论所辩护的，为了满足固定且确定的人类需求，人们必须不受
政府的干涉。权利**听起来**就像是可被享受的占有，而非有待一
个人去探索的领域，而恰恰后者才是洪堡所关心的。

当然，你可以十分容易地给自然权利理论一个激进的扭
曲，以这种方式使它变成目的开放式的。换言之，你可以说，
自然权利所规定的私我领域就是人类个性最充分发展所必需的
领域，并且给予其他人同等的机会。也就是说，你可以把穆勒
的"涉己行为"准则翻译为自然权利的语言。事实上，洪堡的
确谈到了权利。但是如果你像洪堡在这一点上那样并不关心政
府权威的**来源**，而仅仅关心它的适当界限，那么就没有什么特
别的必要把权利说成是**自然的**。

当然，从历史来看，自然权利理论不仅与一种静态观点密切相关——这种观点认为存在一种可枚举的人类本性，其以固定的特定需求为内容，而且与政治权威的来源问题密切相关。关于人在政治社会中保留了某些权利的学说，往往通过这样一种论证来辩护，即拥有这样一种本性的人，如果在自然状态下自由选择，在建立政府以享受政治联合的好处时，会拒绝放弃_{liv}哪些权利。洪堡主要关心的并不是被视为"特定需要之堆集"的人在任何特定时间会选择什么，因为对他来说，人的个性是一个具有无限的变化和发展潜力的有机体，其未来本质上是不可预见的。的确，以这种方式看待人类，洪堡关于国家干预限度的标准仍然是"需要"：只不过它是人类有机体自我发展的需要（这就使自由选择成为必要），以及对刺激和滋养其生长的多样化环境的需要。但是，洪堡把自己的理论建立在这样一个先决条件上，即他把**过程**视为可欲的，而并不首先求助于意识到自己需要和利益的人在任何特定时候会或不会选择要求什么。【46】

在这方面，洪堡与十七至十八世纪的自由主义，或至少与它们得以表达的概念框架，有了重大区别。他预示了自由主义思想在十九世纪的发展方向。十九世纪的各路政治学说的指导原则不是实际或默示的同意，这种同意将最高权威归之于当前或某些假想的过去世代的选择；而是人类进步的概念。当然，这可能导致走向极端自由放任或极端统制主义的立场，端看你是否主张进步的机制乃是某种不受约束的竞争，或者你是否认为应当借用国家这副钳子来催生新社会。但是，洪堡的进步概念，不同于大多数十九世纪政治理论家试图将自由主义政治建基于其上的那种人类进步理论，也比他们更少限制。例如，对赫伯特·斯宾塞来说，进步是一连串标志清晰的阶段，其机制是自由竞争和最适者生存——勤劳、节俭和审慎。对洪堡来说，进步（如果能如此呼之的话）只是对越来越多的可能性的无尽探索，其原则上是不可预测的。人类精神遍地开花，而且尽管文化竞争和交叉结合对它来说不可或缺，但却没有一种绝不出错的机制。

　　再来看一下自由进步主义的另外一个变种。T. H.巴克尔和J. S.穆勒认为，通过思想和生活方式的不受约束的竞争，人们获得了对于真理的知识，借助这些知识，他们就能改进他们的生活方式。这是一种与洪堡的探索性浮士德主义十分不同的概念，它提醒我们，英式自由主义身上带有多么大的英国乃至法国实证主义成分。尽管教育是洪堡政治学说中的核心概念，但对它来说，教育本质上指的是通过文化和经验来修正我们的感受力。"我们科学知识上的不精确与不完整"对于自由探索的限制来说，只是其中一个小恶，这在他那里有明确的表述。（参见正文第66页）而外部世界的丰富性和多样性的任何减少，都是令人痛惜的，因为它是未来经验的来源。洪堡强烈地主张，真正的知识是经验化的东西："我现在完全明白，只要不是从自身存在的深处生出来，或者更确切地说，还没有在自己身上得到验证，一个人就会对人类、对生活、对世界多么无知。可以说，人性和自然是无法在智力上掌握的，一个人要想把握它们只有主动去亲近。"[47]

当然，这种本质上浪漫的知识观，大大加强了我们之前已提到过的对历史及其"教训"的辩证思考趋势（参见正文第141页），并寻找一种综合的历史哲学，在其包罗万象的模式下，所有的矛盾都将被视为得到解决。因为如果一个人认为从历史中学习就是尝试与不同时期和不同文明的不同特征产生共鸣，并且仿佛要通过这些东西来生活，那么，保持平衡和一个人自身的智识同一感的问题，也即几乎可以从字面来理解的保持一个人头脑清醒的问题，比起视学习历史为获得因果知识或了解我们祖先的蠢行并决心做得更好，就变成一个远为复杂和困难的事情。

lvi　　最终，对于洪堡的政治学说，我们能给出一个什么有用的说法呢？这很大程度上取决于我们认为对于任何一种过往的政治学说能够给出什么有用的说法。似乎没有必要费劲巴拉地列出一个禁止和许可的清单，根据它们是否还能吸引我们而给它们画勾或画叉。并非他提出的国家干预程度的问题不重要，而是我们有更不费力的讨论这个问题的方法，不用非得通过诠释一位已故普鲁士教育部部长的著作。同样，像某些人因据称费希特和黑格尔助产了希特勒而对他们表示愤怒那样，因洪堡未能阻止他产生就掬一滴遗憾的眼泪，似乎也不是特别有吸引力。或者魔鬼般地强词夺理——指责他的理想主义太过不切实际，因而导致魔鬼趁虚而入。更绝对没有必要的是，仅仅因为是在讨论德国历史，我们就像满心气恼的辉格党人那样，以革命灾难来解释思想史。在这样一个脉络下，用洪堡来装扮一个有点"僭王小查理"（Bonnie Prince Charlie）味道的德国自由主义故事很有诱惑力。然而，如果我们总是从他的肩膀上看到俾斯麦或希特勒邪魔的影子，那么，对于帮助我们理解十八世纪末或十九世纪初的著作家说了些什么，理解他们在其中言说的那个政治和社会环境，则代价就太大了。

洪堡从历史上和理论上来说都足够有趣，而不需要上述假设。他汇合了许多不同的智识之流，并使它们实现某种平衡和连贯——这与绝对一致不是一回事——这是人们在其他任何地方都找不到的。他是一个独特的声音，尽管他使用的是跟许多同代人共同的语言。他扩展了人们对自由主义政治学说能是什么的感觉，不是通过他的极端自由放任主义——自由主义可以自夸它有的是这样的教条，而是因为很难想象有另一个自由主义著作家会让他的政治学说如此强烈地带有这种特别的紧张感和矛盾感。这是我们每个人实际上都很熟悉的事情，但在政治理论中，它往往被过分简单化了，即我们对他人的需求和态度的复杂性。强调来说，洪堡的自由主义绝非立基于"个体之间的竞争，视个人本质上是他自己人身和禀赋的拥有者，没有什么可以归之于社会"，在这种竞争之下，"个人既不被视为一个 ^{lvii} 道德整体，也不被视为更大的社会整体的一部分，而只是他自我的所有者"。[48]这是一幅席勒所谓"需求的国度"（Notstaat）的画面，"不是人向对象扑去，出于渴求想把对象据为己有，

就是对象破坏性地向人逼来，人出于憎恶把它推开……他在自己身上从来看不到别人，只在别人身上看到自己。"【49】

洪堡的自由主义绝非一种理性化的"需求的国度"。他对人类在社会中能够丰富彼此生活的方式，有着亚里士多德式的感觉，同时，对于人们既不能预测也不能限制人类的道德和文化实验，又有着十足非亚里士多德式的感觉。洪堡所高扬的对吸收经验的最大可能的综合，有时读起来像是对出自唯心主义政治哲学的某种情形的非正式勾勒，即对意识进行最大程度的综合。人们倾向于把通过灵魂交流实现自我充实的浪漫主义观念，视为绝对意识的唯心主义观念的文化来源之一，以及黑格尔的本体论和共相理论的更严格的哲学来源。可以在这一思想脉络下来思考一下，为什么洪堡会不同寻常地提及"把分散于个体之中的完美汇聚成一个完整的整体"（参见正文第58页）。不过，尽管意义重大，这仍然不是最典型的。

更典型的是，洪堡将康德的伦理学与唯心主义认识论结合进政治自由主义，这不可避免地让人想到T. H.格林。然而，这两位理论家在文化和气质上基本没有更大的分歧。对格林来说，一个从各方面看都是道德家的人，与一个致力于"自我提升"的俗人，都可以说是对纯粹义务伦理的越来越积极的运用。洪堡的文化实验主义完全越出了他为自己设定的范围。洪堡认识到，人类对于彼此是必需的，他们不断地根据榜样彼此修正，丰富他们对可能的生活方式的感觉。他也认识到他们的敌意和对彼此防范的需要，防止彼此强加某种特定的公共生活方式和

lviii

思维方式。自由主义者，顾名思义，认可后者，但却倾向于把这种认识视为一种已经穷尽了的描述。因此，这幅得到传统主义者和马克思主义者青睐的自由主义漫画，把自由主义描绘成这样一个理论或理论体系，在其中，个人仅仅是作为独立的、潜在敌对的力量而彼此面对，交换商品，订立被称为合同的契约。这些出自历史学家和哲学家的对自由主义精神的描摹和漫画，无一完全适合洪堡。这本身就是走近他的充分理由。

J. W. 布罗

萨塞克斯大学

【注释】

【1】J. S. Mill, *Autobiography*（London, 1954）, p. 212.

【2】第五章、第六章和第八章出现于1792年秋季号的《柏林月刊》上。《新塔利亚》发表的是第二章，以及第三章的第一部分。

【3】原文第三章出现了一个后续编辑无法弥补的中断。

【4】J. S. Mill, *On Liberty: With The Subjection of Women and Chapters on Socialism*, ed. Stefan Collini, Cambridge Texts in the History of Political Thought（Cambridge: Cambridge University Press, 1989）, pp. 3, 58, 72, 103, 108; and *Collected Works of John Stuart Mill*, ed. J. M. Robson, 33 vols.（Toronto: University of Toronto Press, 1963–91）, vol.18, *Essays on Politics and Society*, pp.215, 261, 262, 274, 300, 304.

【5】Mill, *Autobiography*, pp. 216–17.

【6】R. Aris, *History of Political Thought in Germany*, 1789–1815（London, 1936）, p. 137.

【7】Ernst Howald, *Wilhelm von Humboldt*（Zurich, 1944）, pp. 20–1. J.

R. Seeley, *Life of Stein* (3 vols. Cambridge, 1898), III, 153. For Humboldt and Schiller see Howald, p. 84, and D. Regin, *Freedom and Dignity. The Historical and Philosophical Thought of Schiller* (The Hague, 1965), p. 107. 洪堡这样论及席勒:"思想与形象, 观念与感觉在他身上交相作用。" *Über Schiller und den Gang seiner Geistes Entwicklung* (Insel–Bücherei, nr. 38, Leipzig, n.d.), p. 45.

【8】但是普鲁士的官员阶级在当时是绝对的自由派。根茨认为它沾染了雅各宾主义。J. Droz, *L'Allemagne et la evolution Française* (Paris, 1949), p. 380.

【9】本文的传记性描述主要基于下述几部关于洪堡生平的研究: Howald, *Wilhelm von Humboldt*; R. Haym, *Wilhelm von Humboldt* (Berlin, 1856); R. Leroux, *Guillaume de Humboldt; laformation de sa pensée jusqu'en 1794* (Paris, 1932); Friedrich Schaffenstein, *Wilhelm von Humboldt. Bin Lebensbild* (Frankfurt a. M., 1952).

【10】但是洪堡身上的这种矛盾 (*volte face*) 从来不是绝对的; 很多人盼望国家的消亡, 但很少有人像洪堡一样期盼自己部门的消亡。参见 E. Spranger, *Wilhelm von Humboldt und die Reform des Bildungswesens* (new ed. Tübingen, 1960), P. 104. 关于洪堡身上的这种不一致, 还可以参见 Howald, *Wilhelm von Humboldt*, pp. 131–3; Schaffenstein, *Wilhelm von Humboldt. Ein Lebensbild*, pp. 180–3, 225; Seeley, *Life of Stein*, II, 424, 428.

【11】G. S. Ford, *Stein and the Era of Reform in Prussia, 1807-1815* (Princeton, 1922, repr. 1965), pp. 197–205. Also B. Gebhardt, *Wilhelm von Humboldt als Staatsmann* (2 vols. Stuttgart, 1896).

【12】关于洪堡思想发展历程的最全面的描述, 参见 Leroux, *Guillaume de Humboldt*.

【13】Leroux, *Guillaume de Humboldt*, pp. 205–9, 244 n. 5, 355–7. For studies of Forster, see Droz, *L'Allemagne*; G. P. Gooch, *Gertnany and the French Revolution* (London, new impr. 1965), ch. XIII; Henry Hatfield, *Aesthetic Paganism in German Literature. Winckelmann to Goethe* (Harvard, 1954).

【14】Howald, *Wilhelm von Humboldt*, p. 13.

【15】Lionel Trilling, *The Liberal Imagination* (Mercury Books, 1964), pp. xiii–xiv.

【16】"这里有一个概念，其起源须得从……洪堡的爱情经历中去寻找。"（Leroux, *Guillaume de Humboldt*, p. 252）.

【17】Geraint Parry, 'Enlightened Government and its Critics in Eighteenth Century Germany', *Historical Journal*, VI（1963）, 182.

【18】关于洪堡的民族观念，参见 Ernst Cassirer, *Freiheit und Form. Studien zur deutschen Geistesgeschichte*（Berlin, 1922）, pp. 518-25; F. Meinecke, *Weltbürgertum und Nationalstaat, Werke*, V（Munich, 1962）, bk. I, chs. m, vm; also s. A. Kaehler, *Wilhelm von Humboldt und der Staat*（Munich and Berlin, 1927）.

【19】关于洪堡教化学说的主要阐述有: E. Spranger, *Wilhelm von Humboldt und die Humanitatsidee*（Berlin, 1909）; Leroux, *Guillaume de Humboldt*; and in English, W. Bruford. 'The Idea of "Bildung" in Wilhelm von Humboldt's Letters', in *The Era of Goethe. Essays presented to James Boyd*（Oxford, 1959）.

【20】Werner Schultz, 'Wilhehn von Humboldt und der Faustische Mensch', *Jahrbuch der Goethe-Gesellschaft*, XVI（1930）.

【21】See E. L. Stahl, *Die religiöse und die humanitätsphilosophische Bildungsidee und die Entstehung des deutschen Bildungsromans im 18 Jahrhundert*（Berne, 1934）.

【22】M. H. Abrams, *The Mirror and the Lamp. Romantic Theory and the Critical Tradition*（New York, 1958）, p. 124, on Coleridge's poetic theory.

【23】F. M. Barnard, *Herder's Social and Political Thought*（London, 1965）, p. 93. 关于赫尔德对洪堡的影响，ibid. p. 168 n. 50.

【24】R. Leroux, *L'Anthropologie Comparée de Guillaume de Humboldt*（Paris, 1958）, pp. 14 ff. and *Guillaume de Humboldt*, pp. 215 ff.

【25】'Ideen über Staatsverfassung', *Gesammelte Schriften*, ed. F. Leitzmann（Berlin, 1903）, I, 80-1.

【26】Howald, *Wilhelm von Humboldt*, p. 8.

【27】'Ich habe einmal die bestimmte Idee, dass man, ehe man dies Leben verlässt, so viel von innern, menschlichen Erscheinungen ... kennen und in sich aufuehmen muss als nur immer möglich ist. Ein mir neues wichtiges Buch; eine neue Lehre, eine neue Sprache scheinen mir etwas, das ich der Nacht des Todes entrissen muss'（Letter of 1825, quoted in Howald, *Wilhelm von Humboldt*, pp. 31–2）.

【28】Wilhelm von Humboldt, *Briefwechsel mit Schiller*（Stuttgart, 1900）, p. 277, quoted in Aris, *History of Political Thought in Germany*, p. 144.

【29】当然，我们也可以对虚构人物做同样的事情。"文学为我们提供了道德评判的原始材料，并且它为我们提供了比任何个人生活所能提供的**多得多**的材料。" Graham Hough, *An Essay on Criticism*（London, 1966）, p.28.

【30】F. Meinecke, *Zur Geschichte des Historismus, Werke*, IV（Stuttgart, 1959）, 218.

【31】F. Schiller, *Letters on the Aesthetic Education of Mankind*, trans. R. Snell（London, 1954）, pp. 37–9.

【32】Bruford, in *The Era of Goethe*, p. 37; Hatfield, *Aesthetic Paganism in German Literature*, pp. 201–2.

【33】Benjamin Constant, 'On the Spirit of Conquest', in *Readings from Liberal Writers, English and French*, ed. J. Plamenatz（London, 1965）, p. 26.

【34】'... wäre jeder Versuch über Nationaleigentümlichkeit vergeblich, da nur in der Sprache sind der ganze Charakter ausprägt'（quoted by Howald, *Wilhelm von Humboldt*, p. 115）.

【35】Quoted by Otto Jespersen, *Language, Its Nature, Development and Origin*（London, 1922）, p. 57.

【36】See Barnard, *Herder's Social and Political Thought*, ch. I; Leroux, *Guillaume de Humboldt*, p. 148.

【37】A. O. Lovejoy, *The Great Chain of Being*（Harvard, 1936）, p. 189.

【38】所以要做那些让你的行为可称为普遍法则的事。关于洪堡的康德主义，参见 Leroux, *Guillaume de Humboldt*, pp. 180 ff.

【39】Leroux, *Guillaume de Humboldt*, p. 277. Cf. Barnard, *Herder's Social and Political Thought*, p. 98 n. 56; Schiller, *Über Anmut und Würde*（1793）, Werke, XX（Weimar, 1962）, pp. 251 ff; Walter Kaufman, *Hegel*（London 1966）, p. 43.

【40】 L. T. Hobhouse, *Social Development. Its Nature and Conditions* (London, 1924), pp. 37, 74 ff.

【41】有趣的是，在洪堡的青年时代，当他仍然更接近启蒙运动的享乐主义时，他却跟霍布豪斯的公式走得越来越近。在为"进德会"成员写的规则中，他写道："去享受每一个不以丧失高级快乐为代价的快乐。"（引自 Bruford, *The Era of Goethe*, p. 22）.

【42】 G. W. F. Hegel, *The Philosophy of History*, trans. J. Sibree (New York, 1956), p. 37.

【43】 Plamenatz, in *Readings from Liberal Writers*, p. 26.

【44】 Schiller, *Letters on the Aesthetic Education of Mankind*, p. 137.

【45】 Gordon Craig, *Politics of the Prussian Army 1640-1945* (London, 1955), pp. 17–21, 36. 参见斯塔尔夫人（Mme de Staël）："在腓特烈看来，一切似乎都必须是政治；因此，他的所作所为使国家变得更好，但并没有改善国民的道德。"（*De l'Allemagne*, Librarie Gamier, 2 vols. Paris, n.d., I, 82–3.）

【46】 See, e.g., Humboldt, *Betrachtungen uber die Weltgeschichte*, in *Gesammelte Schriften*, ed. Leitzmann, m, 351 ff. and Cassirer, *Freiheit und Form*, p. 515.

【47】 'Ich begreife erst jetzt ganz, wie man von Menschen, dem Leben und der Welt nichts wissen kann, was man nicht tief aus seinem eigenen Daseins schöpft oder vielmehr an sich selber wahr macht. Menschheit und Natur lassen sich nicht begreifen, wie man es nennt; man kann sich ihnen nur lebendig ... nähern'（quoted by Howald, *Wilhelm von Humboldt*, p. 34.）Cf. Leroux, *Guillaume de Humboldt*, p. 395.

【48】 C. B. Macpherson, *The Political Theory of Possessive Individualism* (London, 1962), p. 3. 参见洪堡："至于商业自由的问题，以及最近一些其他受欢迎的理论，似乎只把人们看作是获得、生产和享受的孤立的人，而不是国家中以及国家本身的或大或小意义上的道德元素。"（'Zur ständischen Verfassung in Preussen', *Gesammelte Schiften*, ed. Leitzmann, XII, 421.）

【49】 Schiller, *Letters on the Aesthetic Education of Mankind*, p. 114.

第一章

/////////

引论

- 界定研究对象——一项很少得到研究但极具重要性的主题
- 从历史的角度看国家对其作用的真正限制
- 古代国家和现代国家之间的差异
- 国家组织的一般目的——国家的关心应该限于保护安全，还是应该为国民提供积极的福利？
- 支持后一种观点的立法者和著作家——尽管他们得出了结论，但这个问题似乎需要更深入的研究
- 这种研究只能从"个体的人及其最高目的"的考察出发

整个国家机构应该致力的目的是什么，以及它们的作用应
被设置一个什么样的界限，本书的目的即在于为此寻找答案。
这一问题的重要性显而易见，如果我们把最值得关注的各国家
宪法互相比较，或者把它们跟最杰出的哲学家和政治家的意见
相比较，我们将会不无道理地感到惊讶，对这个问题的讨论竟
是如此不充分，给出的答案竟是如此模糊不清。

　　无论是致力于重塑国家宪法结构，还是提出政治改革计
划，参与者似乎最关心的是，确定国民或国民的各个部分应该
在行政机构中得到相应的份额，为政府的各个分支分配适当的
功能，以及预防各部门权利的互相侵夺。但是，任何想要打造
或重塑国家宪法的努力，有两个目标在我看来是必须牢记于心
的，忽视或弱化其中任何一个都会对整个目的造成严重伤害。
第一，对整个国民来说，确定谁来统治，谁将被统治，以及安
排能够实际运转起来的行政机构；第二，政府一旦建立起来，
规定它的作用扩展或止步的确切范围。后一个目标，会对公民
的私人生活构成更直接的影响，尤其是决定了他的自由与自发
行动的限度，因而严格说来，它才是真正的终极目标；前者只
不过是达成这一目标的必要手段。

　　然而，人愿意花更大气力去追求的是第一个目标的实现，
对这样一个明确目标的专一追求，是人类通常展示自身活力的

方式。对于一个活力充沛的人来说，他的真正幸福，就在于确

4 立一个目标，并调动他的精神与物质力量以争取它的实现。的
确，占有为奋斗戴上了安宁的王冠；但是，只有在欺骗性的
幻想里面，占有才能迷惑我们。如果我们想一想人的真实处
境——人的力量总是趋向某种活动，并且周围的自然也总是刺
激人去活动，我们就会发现安宁和占有只不过存在于思想中罢
了。不过对于头脑简单或片面的人来说，安宁也就是表现的中
止，而对于一个未受教育的人来说，一个目标从他身上所能调
动的表现也少得可怜。因此，伴随占有而来的厌倦感，特别是
在更细腻的感觉领域，根本不适用于可想象得出的理想的人类
形象，但对一个完全未受教育的人却是充分适合的，其适合程
度从彻底缺乏教育到达到理想标准之间越来越低。[1]因此，同
理，征服者更为享受的是胜利，而不是对领土的实际占领。改
革本身充满危险的动荡，比平静地享受改革成果，更令改革家
感到亲切。同样，支配比自由更契合人性；或者，至少，一心
捍卫自由比实际享受自由更令人满足。自由仅仅是一种从事无
限丰富多样活动的可能性，而统治，或支配，是一种单一却实
实在在的活动。因此，对自由的渴望，往往只是在深深意识到
自由的缺乏时才表现出来。

　　然而，不可否认的是，研究国家作用的恰当目的和界限，

【1】洪堡的论述在这里似乎有点混乱。如果人们记住，细腻的感觉与较低的教
　　育程度不一定是对立的，意思就更清楚了。

无疑具有极端的重要性，也许比任何其他政治问题都更重要。尽管已经指明，这一研究仅仅涉及一切政治的最终目的，但是，它本身也允许更轻松更广泛的应用。真正的国家革命或新的政府机构设置，从来不可能不伴随着诸多同时出现且往往是偶然的因素，而且总是会导致各种各样的不利后果。但是，任何统治者——不管是在民主制、贵族制，还是君主制国家——却能够不事声张地悄悄扩展或收缩国家作用的范围，并且总体上说，其越是避免大张旗鼓，越是能达到目的。最好的人类行动总是最忠实地模仿自然界的运行。譬如大地无声无息孕育的胚芽，却有着更丰硕更美好的果实，胜于虽有必要但总是伴随着毁灭的汹涌的火山喷发。

此外，如果我们的时代有理由夸耀文化和启蒙上的优越，那就再也没有什么其他样式的改革更适合它了。因为，不难看到，这一关于国家作用适当界限的重要研究，必然会引出要给予人类能力更大自由和需要更加丰富多样的环境的结论。但是，更高程度的自由要想可能，就必然需要同样程度的更高教育，而更少需要集合大众统一行动，并且需要行动的个体具有更大的力量和更丰富多样的资源。因此，如果说当前时代真的拥有这种教育、力量以及多样性资源上的优势，那么，它有正当权利要求的自由，就必须得到保证。同理，改革的手段也将更适合于我们所设想的这样一个进步性的文化。一般来说，是国民的出鞘之剑约束着统治者的有形权力，但是在我们这里，文化和启蒙改变了统治者的思想，征服了他们的意志，因此，改革事业似乎应该是统治者而非国民的事情了。如果说看到一国人民，在完全意识到他们作为人与公民的权利的情形下，打破加在他们身上的枷锁，已是一幅美丽和令人振奋的景象；那么，看到一位君主亲自给他的人民松绑并给予他们自由，而且不是作为恩典之举，而是履行其首要的责无旁贷的义务，无疑就是更美好和更崇高的了；因为看到一个目标是通过对法则的尊重而达成，比看到它是屈从于绝对必须的要求，会更加美好；因而，当我们想到，一个民族是通过推翻现存制度而奋力争取到了自由，相比于一个国家一旦建立就赋予国民自由，其间的差距就仿佛是希望之于享受，准备之于完成。

如果我们瞥一眼众多国家宪法的历史，那么很难发现它们之中哪一个指出了其作用应受到任何明确程度的限制，因为它们没有一个是基于某种基本原则经过深思熟虑的计划而设立的。特别是，公民的自由一直出于两种考虑而受到限制，一是出于必要性，即制定和保障宪法的需要；二是出于功利性，即对国民道德和物质状况的关心。两种考虑交错盛行，要么因为宪法为了自身更有力量而要求额外的支持，要么因为立法者的眼光或多或少地都放得太宽了。甚至会发现，这两类理由常常一起发挥作用。在古代国家，几乎所有涉及公民私人生活的机构都具有严格的政治特性。宪法自身几乎不具权威，它的存续主要依靠国民的意志，因此必须想方设法让制度特性与国民意志保持和谐一致。在较小的共和制国家里，如今仍可以看到相同的做法；因此，单从这一角度来看，私人生活自由的增加，恰好总是公共自由同等程度的减少，而安全（与否）总是与公共自由（的多寡）保持同步，这样的说法是完全正确的。的确，古代的立法者常常，以及古代的哲学家总是，将关注点放在个人的内在生活上；在他们的眼里，人性的道德价值值得给予最高重视，柏拉图的《理想国》就是一个例子，卢梭曾正确地评价它更像一部教育著作而非政治著作。[2]倘若从这一角度来看一下最现代的国家，我们会发现，国家将作用的目标指向个体公民，为他们提供福利，诸多法律和机构也明确无误地指向这一目的，其往往给予私人生活一种非常特定的形式。促成这种变化并发展出这种积极关怀的，有以下几个因素：我们的宪法具有更高的内在强固性，它们极大地独立于国民的性格和情感；思想家们带来更强大的影响，他们天生拥有更为广阔的视野——诸多发明教给我们如何更好地培育国民行动的共同目标；最后，尤其是某些宗教观念主张统治权力在一定程度上应该对公民的道德和未来福祉负有责任。但是，如果考察一下某些特定机构和警察法律的起源，我们会发现，它们常常源于或真实或伪称的向臣民征收赋税的需要，在这里我们又回到了古代国家的例子上，因为，这类机构同样源于维护宪法的需要。但是，说到对自由的限制——这种限制对国家无甚影响，但对组成国家的个人却事关重大——我们要注意古代国家跟现代国家有着巨大的差异。古代国家更一心专注于个人作为人的和谐

7

【2】卢梭：《爱弥儿》，第一卷。

发展；而现代国家则主要关心人的舒适、他的富足、他的生产能力。前者追求美德，后者寻求幸福。因此，在许多重要的方面，古代国家对自由的限制比标举我们的现代更为压抑和危险。因为它直接冲击的是灵魂的内在生活，而这正是人之为人的本质；因此，所有古代民族都显示出一种划一性或曰片面性（Einseitigkeit），这与其说是由于高雅文化和普遍交往的缺乏，不如说是由于古代公民普遍接受的集体主义教养和被刻意安排的集体主义生活所致。但是，从另一面看，这些古代制度维护和提高了个体的人的活力。正是他们无时或忘的培养有节制有力量的公民的渴求，推动了他们的整个精神和性格向更高发展。在我们这里，的确，人从个体来说较少受到限制，但周围环境的影响构成了更有力的限制，尽管调动我们的内在资源去反抗这些外部阻碍是可能的。但是，在我们现代国家，对自由施加的限制有着特殊的性质：它们看待人更着眼于他占有什么而不在意人实际上是什么，而且关于后者，它们也不像古代国家那样培育（哪怕是片面的）人的身体、智识和道德能力，而是把规定好了的观念作为法律强加给他，从而压抑着人的精力，而人的精力恰恰是一切有活力的美德的源泉，也是任何更高和更全面的发展必不可少的条件。此外，对于古代人来说，更多的精力弥补了他们片面性的不足；而对于现代人来说，片面性却被衰颓的精力放大了。总之，古代国家和我们现代国家的这种差异是十分显见的。如果说，晚近几个世纪以来，进步之迅速，人工发明数量之巨和传播之广，我们成就的事业之伟大，最能引起我们的注意，那么，古代吸引我们的首先是与个体的人生死伴随的一种内在的伟大——想象力的勃发、精神的深邃、意志的坚定，以及整个人的存在的完美统一，单是后者就赋予了人性真正的价值。他们对人性的这种基本价值、对人的力量及其协调发展的强烈意识，是他们一切活动的推动力；而在我们这里，这些往往只是一个理想的整体，在这个整体中，人们几乎忘记了个体，或者至少，对人的内在生活不如对他的安逸、福利及幸福那样重视。古人在美德中寻求幸福；现代人则汲汲于从幸福中开出美德；[*]甚至那位以最纯粹的形式思考和描述道德的人，[†]也让自己束缚于这样的想法，即通过一种高度刻意的机制，把幸福放进他的人性理想中去，并且更多地作为一种外部奖赏，而非一个人通过自身努力而获得的善。关于这种显著的差异，我不想再多说什么；只想引用亚里士多德《伦理学》的一段话来结束："属于一种存在本质固有的东西，对于它来说就是最好的和最愉悦的。同理，对于人来说，

9

【*】 当我们将古代哲学家与现代哲学家相比较时，这种差异再明显不过了。我引用蒂德曼关于柏拉图《理想国》最精华段落的评论作为例子："尽管由于其自身的性质，正义让我们觉得喜爱。但是，如果正义的实践不能带来任何益处，如果正义的人不得不遭受诸兄弟所提及的一切（苦难），那么，就宁要不义，不要正义；因为最能给我们带来幸福的东西毫无疑问强于其他东西。身体的痛苦、极端的匮乏、饥饿、耻辱，以及诸兄弟所谈到的其他任何降临到正义的人身上的（苦难），无疑大大超过了正义所能产生的精神愉悦；因此，不义必然强于正义，必将列入美德的名目中去。"[3]

【3】 Tiedemann, Dialogorum Platonis argumenta exposita et illustrata（Zwiebrücken, 1786）.

【†】 康德在《道德形而上学的基础》和《实践理性批判》中论述了最高善。

合乎理智的生活就是最好的、最愉悦的，因为理智最属于人。所以说，这种生活也是最幸福的。"【‡】

公法学家不止一次争论的是，国家应该只提供安全，还是应该为国民提供整个物质和道德上的福利。对私人生活自由的关心一般会引向前一个主张；而认为国家能够提供比仅仅安全更多的东西，并且认为这样的政策尽管有可能对自由造成不当的限制，但不是必然的，这样的想法自然主张后者。不可否认，后面这种自然的想法既盛行于政治理论，也支配着政治实践。大多数公法学体系、晚近哲学家的著作，以及大多数国家法令条例的历史，都表明了这一点。农业、手工业、各类实业、商业，甚至艺术和学术本身，这一切都靠国家生存，接受国家的指导。这些原则的引入，已经给政治学的研究带来了新的形式（如新近的财政和立法理论作为例证所显示的），【4】并且产生了众多新的行政部门，如贸易委员会、财政委员会、国民经济委员会等等。但是，尽管这些原则可被普遍接受，但在我看来，仍需做一番彻底的考察；而这种考察［必须以个体的人及其最高目的为出发点］……【5】

【‡】 Το οικειον εκαστω τη φυσει, κρατιστον και ηδιστον εσθ' εκαστω· και τω ανθρωπω δη ο κατα τον νουν βιος, ειπερ μαλιστα τουτο ανθρωπος, ουτος αρα και ευδαιμονεστατος.（亚里士多德《尼各马可伦理学》第十卷第七章，Arist., *Nichomachean Ethics*, bk. x, ch. 7.）

【4】 洪堡可能指的是十八世纪的一种德国政治学说，即所谓的"官房学派"。

【5】 手稿此处出现空缺。译按：方括号内的文字为德文版编者所补。

第二章【1】

/////////////////////////////////////

论个体的人及其
存在的最高目的

- 人类的最高和最终目的：在个体的人身上实现能力的最大限度的和谐发展
- 实现这一目的的必要条件：行动的自由和环境的多样性
- 将这些命题应用于人的内心生活
- 从历史中得到证实
- 从这些考察中得出的当前整个研究的最高原则

　　人的真正目的，或曰由永恒不变的理性指令所规定而非变幻不定的欲望所表明的目的，乃是令其能力得到最充分而又最协调的发展，使之成为一个完整而一贯的整体。要想获得这种发展，自由是首要而不可或缺的条件；不过除此之外，还需要一个与自由密切相关的条件，那就是丰富多样的环境。[2] 即使最自由、最独立的人，如果被置于整齐划一的环境之中，他的发展也会受到阻碍。可以肯定，一方面，这种多样性总是自由的结果，另一方面，总是有一种压力，这种压力不是限制人，而是赋予他周围的事物一个独特的印记（译按：此即中国话里"人过留名雁过留声"之意）；因此，这两个条件，即自由与环境的多样性，在某种意义上，是同一个东西。不过，为了更加清晰起见，还是把二者区别开来为好。

　　一个人一次只能发挥一种主要能力来做事；或者更确切地说，人全身而动的本质决定了他一次只能做一个活动。因此，人似乎注定是片面的，因为一旦扩展至多个目标，只能耗散他的精力。但是，人能够避免这种片面性，他可以把这些单一的且往往是分次得到锻炼的能力统一起来，在他生命的每一个时 11

【2】　这段话被穆勒挑出来引用在他的《论自由》里。详见《论自由》，剑桥版，第58页；多伦多版，第261页。

期，让即将熄灭的火花和将要在未来点燃的火花自发协作，不是去追求行动的各种目标，而是努力增加和丰富他用来行动的各种能力，将它们协调地结合起来。在这里，关键的是，把过去和未来结合在当前，把自己和他人结合于社会。因为，哪怕经过了人生的所有阶段，每一个人也只能成就某一种完美，而各种各样的完美可以说形成了整个人类的性格。因此，通过这种基于人的内在本性的结合，一个人必然会把他人所有化为己有。一切民族，哪怕是最野蛮的民族的经验，都为我们提供了一个例子，即通过两性的结合形成一个统一的个人性格。尽管在这个例子中，两性的差异及结合的渴望表现得更为显著和强烈，但在哪怕不存在这种差异的同性人中间，所能有的差异以及结合的渴望并不更少，只不过更难于发现罢了，而且恰恰由于这个原因而可能更加有力。这些想法，要是能予进一步深究和更准确的展开，就可以让我们对风行于古代的那些结合关系有更加清晰的洞见，尤其在古希腊人中间，我们发现那些关系甚至被立法者自己所利用：我指的是那些往往被拙劣地冠以一般爱的名义，或总是被错误地称作纯粹友谊的关系。作为教育人的手段，所有这类关系的有效性，完全取决于结合者在多大程度上成功地调和了个人的独立与联合的亲密；[3] 因为，若没有这种亲密，一个人就不能充分地领会其他人的天性；而独立也

【3】洪堡在这里很可能想到的是一个旨在互助提升的小社团，即他与柏林才女亨丽埃特·赫茨（Henriette Herz）共同创建的"进德会"（Veredlungsbund）。洪堡最终发现社团规则所坚持的情感隐私的缺乏令人厌烦。

绝非不重要，以便每个人在领会的同时能够以自己独特的方式吸收转化。一方面，个性力量对双方来说都是必要的；另一方面，双方之间的差异既不能太大也不能太小，太大了会妨碍一方理解另一方，太小了又不能激起对另一方所拥有的品质的赞赏，也就没有了想把它吸收到自己身上的愿望。

于是，这种个性活力与丰富差异便通过独创性而结合在一起；因此，人类的全部伟大最终也都有赖于此——每个人必须不断努力向其趋近，尤其那些希望影响同胞的人必不可忽视的目标是：能力与自我发展的个性化。正如这种个性化产生于行动的自由和行动主体的极端丰富多样，反过来，它又直接创造着它们。甚至按照永恒不变的法则保持着规律步伐的无生命自然，对于已经发展出个性的人来说，也会显得更加个性化了。他自己也仿佛进入了自然之中，一个人越是在自己的灵魂中意识到了美和丰沛，他就越是能够在外部世界中感受到同样的东西。如果人不仅被动地接受外部感觉和印象，而且自身也是主动的主体，那么因果之间必然会变得多么相近？

如果我们进一步检验这些想法，将它们更为切近地应用于个体的人身上，那么会发现，人的一切都可以归结为形式和质料两个要素。有着最轻巧外观的最纯粹的形式，我们称之为思想（理念）；而形态上最粗陋的质料，我们称之为感官感觉。从质料的结合中产生形式。结合的质料越丰富多样，作为结果的形式就越崇高。神的孩子只不过是不朽父母的果实。形式反过来又变成更精致的形式的质料，就像花朵成熟为果实，果实的种子里又长出了花朵蕾蕾的新茎。随着质料的愈加精致和丰富多样，力量也在增大，因为内部的凝聚力在随之增加。质料仿佛混入形式，形式又仿佛融入质料。或者不用比喻来说，人的感情愈是富于思想，思想愈是富于感情，他的崇高就愈令人高山仰止；正是形式和质料的这种不断结合，或者将多样性不断融入个性的这种统一，塑造了共存在人身上的两种本性的完美合一，而且，人的伟大正在于此。但是，结合的强度取决于结合者的力量。人生的高潮乃是花开之时。【*】单调而又乏于魅力的果实，似乎预示着花朵的美丽，因为花朵正是通过它绽放开来的。一切都争着奔向开花。最初从种子萌发出来的东西，毫不起眼。粗壮的茎干，迅速分开的宽阔的叶子，似乎还需要更充分的发育；茎干眼见逐渐长高，娇嫩的叶子仿佛渴望结合，越发紧密地闭拢，直到中间的花萼似乎满足了这个愿望。【†】【5】但是，命运在这里并不特别眷顾植物。花会凋谢和死亡，果实的胚芽会生出一样粗糙而等待再度完善的茎。但是，在人类中，花朵凋谢，只是为了给更美丽的东西让出位置；

【*】《开花，成熟》（'Blüthe, Reife'），*Neues deutsches Museum*, June 1791.【4】

　　【4】这篇匿名的文章提出了这样一个观点，"开花"（Blüthe）之后的"成熟"（Reife）代表着自然界最高的完美；开花虽更为迷人，但并不完美。

【†】歌德：《植物变形记》（*Vher die Metamorphose der Pflanzen*）。

【5】这段文字明显地带有德国先验生物学的目的论色彩。参见《进化的百年》（G. S. Carter, *A Hundred Years of Evolution*, 1958），《歌德：生平与时代》（R. Friedenthal, *Goethe. His Life and Times*, 1965）第27章，《论活物》（W. Haas 'Of Living Things', *German Life and Letters*, 1956–7）。

最美丽的东西只会躲在那不可思议的永恒的无限背后向我们的眼睛隐藏它的魅力。人从外界接受的东西只是种子（译按：这里似是指人的肉体存在）。哪怕最美的种子，都必须首先为它注入旺盛的活力，才能赐福于他。只有当人强大有力并从根本上拥有自我的时候，对他才说得上是仁慈。人类共同生存的最高理想，在我看来，就在于每个人都能够根据最内在的本性发展自己，并且是为了自己而发展自己。人类身体存在和道德存在两方面的要求引导人们走向团结，正如战场上的冲杀要比竞技场上的搏斗更加光荣，顽强不屈的公民的战斗比雇佣兵的被迫卖命更加荣耀，自主的人的奋斗也必将成功地激发最高的力量。

我们之所以如此莫可名状地着迷于向往古希腊和罗马时代，以及在任何时代人们之所以普遍着迷于向往更遥远的时代，难道不正是因为这一点吗？[6]那更顽强地与命运相抗争、更顽强地与同胞相争竞的，难道不正是这类人吗？那些不断彼此碰撞，并创造出令人赞叹的新生活形态的，难道不正是更强大更原始的力量和特性吗？每过一个时代，多样性都必然比它跨过的时代大为逊色——这种退步现在变得多么快啊！拿自然的多样性来说，广袤的森林被砍伐殆尽，沼泽变得干涸，等等；人类生活的多样性也不比从前，因为人们的相互交往在不断增

14

【6】 洪堡思想中的文化进步概念与他的希腊主义和卢梭式原始主义之间的紧张关系，在本段和上一段的基调中非常明显。

加，人群在不断聚集。【‡】这正是下述情况的一个主要原因：新鲜的、不寻常的、令人惊叹的思想少之又少，错愕和诧异几乎成了耻辱，而发明新的迄今尚不为人知的便利手段，以及所有突然的、来不及准备的紧急决定，都成了远远没有必要的事情。一来，外部环境的压力较小，人类获得了更多的手段来对付它们；二来，这种对抗再无可能使用自然赋予人们的可以直接使用的简单力量；最后，更高更广泛的知识让随机应变再无必要，学习的增加又钝化了当机立断所需的能力。另一方面，不可否认的是，虽然人们身体上的多样性下降了，但继之而起的是一种无限丰富和更令人满足的智识和道德上的多样性，我们更精致的思力可以辨别出更细微的差别和高下优劣，我们身上得到培育的敏锐的性格，即使不像古人那样得到了强有力的发展，也可以将它们转化为实际的生活行动；这些差别和高下优劣可能未获得古代圣贤的注意，或至少只有圣贤自己才有可能看到。对于整个人类来说，也发生了跟在个体的人身上同样的事情：粗糙的特征逐渐消退，只有精细的特征保留下来。鉴于这种代际递嬗之间的能量牺牲，如果整个人类是一个人，或者一个时代的活力可以随着它的书籍和发明一起传递给下一个时代，那么我们倒可以把这视为一件幸运的安排。但是事情远非如此。无疑，我们的精细具有特定的力量，也许正因其精细

15

【‡】卢梭在《爱弥儿》中也指出过这一点。【7】
　　【7】《爱弥儿》，第五卷。

而具有超过粗糙的力量；但问题是，从前较为粗野阶段所取得的发展不必总是成为在先的过渡。仍然可以肯定的是，正如它是最早的胚芽，我们本性中的感性元素也是精神的东西最生动的表达。

虽然这里不是讨论这一点的地方，但是通过前面所述也可以得出肯定的结论：至少我们必须拿出最热切的关心，去保护那些我们能够拥有的能力和特性，并珍惜能以任何方式促进它们的一切东西。

因此，通过前面的论述，我已经证明了：真正的理性希望人所处身的不会是其他任何状态，而只能是，在其中，每个人不仅享有最不受约束的自由，根据自己固有的特性来发展自己，而且，他的身体（physische Natur）也不接受人手加之的任何其他形态，只能由每个人自己出于自由意志，根据他的需要和喜好为它打上烙印，并且仅仅受到他自身力量和权利的限制。

在我看来，理性再不可从这一原则上做出任何让步，除非是为了维持这一原则本身所必需。因此，它必须是任何政治安排的基础，尤其是，它必须是这里所讨论问题的答案的基础。

//////////////////////////////////

第三章

论国家对公民
积极福利的关心

- 本章的范围
- 国家对公民积极福利的关心是有害的，因为它——
- •造成千篇一律；
- •削弱活力；
- •扰乱和阻碍了身体的发展和一般外部条件，对人的心灵和性格的影响；
- •必须针对混杂的人群，因此用有相当大误差的措施来伤害个人；
- •阻碍了人的个性和特殊性的发展；
- •使国家本身的管理复杂化，增加了管理所需的手段，从而成为多种弊端的根源；
- •最后，在最重要的问题上扭曲了人们正确而自然的观点
- 针对夸大上述弊端的指控进行辩护
- 相反制度的优点
- 从这段中得出的最高原则
- 国家关心公民积极福利的手段
- 这些手段的有害性
- 国家以其能力做某事与公民以其努力实现同样效果之间的不同
- 审察反对意见"国家对公民积极福利的关心是必要的"：是否如果没有这种关心，就不可能达到同样的外部目的、获得同样的必要结果？
- 这种可能性的证明，特别是通过公民自愿的联合活动
- 这些活动优于国家活动

沿着上一章得出的结论，用一个十分笼统的公式来表达， 国家作用的真正范围可以说就是，在不违背前面刚刚确立的原则下，它能够为公共的社会福祉所做的一切；并且依此我们可以得出一个更严格的限定，即国家对私人事务的任何干涉，如果不是因为个人权利有受到他人侵害之虞的直接关系，都应该受到绝对的谴责。然而，为了能够更好地圈定国家作用的范围，并彻底解决这里所提出的问题，必须就国家的一般作用或可能作用的不同部分逐一进行考察。

国家的目的可以是双重的，它可以用来促进幸福，或者仅仅用来防范祸事，而就后者来说，就是防止自然的灾害和人为的邪恶。如果国家限于关注后面这个目的，那么它仅仅是在寻求安全，鉴于安全本身的（消极）性质，我把它与所有可统一放在积极福利名目下的其他可能目的对立起来。另外，国家采取的不同手段也在相当不同的程度上影响着其作用的范围。比如，它可以寻求直接达到目的，不管是通过强制（命令或禁止性的法律，以及惩罚），还是通过鼓励和榜样；或者，也可以是间接的，通过塑造公民的外在生活环境，以利于国家的目的，或防止公民行为偏离国家目的；最后，又或者，它甚至让公民的喜好与国家所希望的目的相一致，从而支配公民的思想和情感。在第一种情况下，只有某些特定的行为受到政治监督；

在第二种情况下，它决定的是公民的整个行为方式；在最后一种情况下，恰恰是公民的性格和思维方式，被置于国家控制的影响之下。这种限制作用在第一种情况下影响最小，在第二种情况下较大，在第三种情况下则最大，这是因为，在这种情况下，它一来触碰到了各种行为得以产生的根源，二来要发挥这样一种影响力，需要设置大量的各种机构。但是，不管这些作用分支各自属于哪些政治部门，我们还是会发现，几乎没有一个国家机构不同时关联着多个其他机构。例如，我们可以举出，促进福利与维护安全之间存在着密切的相互依存关系；而且，任何作用于特定行为的影响，只要经过反复而形成习惯，最终都会改变性格本身。因此，鉴于这种相互依存性，很难找到一种合适的方法，来就我们所研究的这个问题的不同方面做出划分。但是，无论如何，最好首先考察一下，国家是应该将它的关心扩展到国民的积极福利，还是，仅仅应该满足于提供安全；同时，将我们对机构的观察限定于它的目标和后果主要是什么，并就国家欲实现这两种目的，讨论它可以适当利用的手段。

因此，我在这里指的是国家为提高国民的积极福利所做的全部努力：它对全国人口和居民生计的全部关心，无论是通过穷人救济机构直接表现出来的，还是通过鼓励农工商贸间接表现出来的；所有与财政、货币、进出口等有关的条例法规（只要它们想要具有积极福利的目的）；最后，所有用来救治或防止自然灾害的措施。总之，这里谈的是所有旨在维护或促进国民物质福利而设置的国家机构。由于道德福利很难说是为其自身之故而要促进，毋宁说是为了它对安全的影响，所以关于它我留待后面再谈。

那么，我认为，所有这些机构都会有有害的结果，与从符合人性的最高标准出发的真正政策不能相容。

18

1. 在每一个此类国家机构中，起支配作用的都是一种治理精神，不管这种精神多么明智多么有益，它所造成的都是国民生活的整齐划一，以及一种受约束的不自然的行为方式。人们组成群体，进入社会，不再是为了磨砺他们自身的力量，乃至为此而宁愿牺牲一部分排他性占有和享受，而是变成了，他们为了占有物质而宁愿牺牲力量。由众多个体的结合而产生千姿百态的多样性，是社会生活所能给予的最高的善，而这种多样性无疑会随着国家干预程度的加深而愈益丧失。在这样一种制度下，不再是个体的国民成员通过社会契约的纽带而共同生活在一起，而是孤立的臣民生活在与国家的关系中，或者更确切地说，是与政府里占支配地位的（治理）精神发生关系，在这样一种关系中，国家的过度优势总是倾向于束缚个人能力的自由发挥。统一的原因产生统一的结果。同理，随着国家干预的增加，起作用的机构变得彼此相似，作用的一切结果也必是如此。而这正是国家的意图。它们想要的是富足安宁，而富足安宁极易得到，只要那里不存在个体之间的冲突。但是人们想要且必然想要的却是迥然不同于此的东西——那就是多样性和活力。只有这两样东西才能造就多面发展和强而有力的性格；并且可以肯定的是，还没有人堕落到仅仅为了私欲，宁要舒适和享乐而牺牲卓越；谁若是断言在别人那里有这种偏好，那么人们就有正当理由怀疑他对人性有所误解，他是想把人变成机器。

2. 因此，可以归咎于它的第二个有害结果是，此类积极机构会削弱整个民族的活力。正如形式若内在地产生于物质自发的活动，物质本身就会获得更大的丰富和美丽，而从外部强加形式则会令物质毁掉，我们这里讨论的这个例子，不正是形式毁掉了物质吗？——因为，若要［实现人与政府的这种］关联，必须找到新的结合点，结果必然需要大量的新发现，人们此前的差异越大，所需要的新发现就越多，因此是不存在的东西压制和摧毁了真正存在的东西。人性的主要特征在于组织。无论想要什么东西在他身上繁育开来，都必须先在他身上播种。力量的每一次展现，都以热情的存在为前提；而除了当下或未来的占有，很少有什么东西能燃起热情。但是人们从来不会把他所占有的东西像他所做过的东西那样视为己有；[1]辛勤照料园子的园丁，也许比悠闲地享受园子的人，在更真实的意义上是园子的所有者。可能这样的推论显得过于笼统，没法应用到实际中去。［下面举一个实际的例子来说明。］也许哪怕看起来，众多学科分支的扩展（我们要把这主要归功于政府机构，因为只

【1】 洪堡此处浓缩的论证导致出现了矛盾。其论点是：行动所向的东西比占有物能被更真实地"占有"，因此会激起更大的热情。

有国家才有能力进行大规模实验），有助于提高智识的力量，从而有助于整体上提升我们的文化和性格。但是，智识能力本身并不会随着我们知识的增加而必然提高；即使这些手段确实取得了这样的结果，也并不适用于国民全体，而是只适用于属于政府的那一特定部分。理智能力像人的其他能力一样，其培养通常是通过他自己的活动、他自己的发明创造，或他自己设法利用别人的发明来实现的。而国家手段总是或多或少地意味着强制；即使情况并非如此，它也让人们习惯于从外部寻求指挥、指导和帮助，而不是依靠他们自己随机应变的能力。或许，国家能够利用的唯一的教育方法是，根据它调查的结果，提出它认为最好的东西。但是，无论它是直接通过法律或间接地以某种方式强迫人们，还是通过权威褒奖或其他鼓励手段吸引人们，或者仅仅通过理由说服，它都总是跟最好的教育方法相去甚远。因为最好的教育方法毫无疑问在于，提出所有可能的解决问题的办法，以便公民可以根据他自己的判断选择最适合他的一个；或者，更好的是，使他能够通过仔细考量所有的障碍，自己去发现解决办法。对于成年公民，国家只能通过扩展自由来采取这种消极的教育方法，同时发展他们的力量和技巧，以克服自由不免会产生的种种障碍，并增加碰见困难、解决问题必要的机会；积极的教育方法只能通过一种真正的国民教育用于正在接受培养的年轻人。下面我们就来详细考察一种反对意见，它很容易在这里被提出以支持此类积极的机构，那就是这样一种说法：在实现我们这里所谈的任务时，重要的

20

是把事情做了，而不是让做事的人被彻底教会；正如把地种好胜于让种地的农夫成为最好的庄稼把式。

　　然而，一旦国家的关心管得太宽，就会显出更严重的恶果：一切行动力都会被压制，道德品质也必然败坏。这几乎无须进一步论证。一个人若是经常被引导，他就很容易变得心甘情愿牺牲所余的自主行动力。他自认为无需他操心，反正有人操心，他觉得他只要等着人来领导并乐于追随，就做得足够了。这样一来，他的功过观念就变得混乱了。功绩观念再也不能激励他，痛苦的过错意识再也不会频繁和强烈地困扰他，因为他可以轻易地把自己的缺点归咎于他的特殊地位，而把责任推给那些造成这种地位现实的人。还有，他可能会认为，国家的意图并非完全纯粹，而是同时还别有所图，如此看来，受损的不光是力量与活力，人的道德品质也不再纯洁。于是他认为自己不光完全摆脱了国家没有明确加在他身上的义务，而且同时放弃了改善自身状况的任何努力；他甚至害怕这种努力，仿佛这会给国家送去可供利用的新机会。甚至对实际运转的国家法律，他也尽可能地寻求逃脱，并把每一次逃脱都看作积极的收获。只要我们想一想，对于大部分国民来说，国家的法律和政治机构都是在起着划定道德范围的作用，那么，看到最神圣的义务和琐碎武断的命令常常同出一口，看到对两者的违犯都受到同样的惩罚，这是一个多么令人沉痛的景象啊。此外，这种积极政策的有害影响，在公民彼此之间的行为上同样明显。正如每个人都把自己交给国家的关怀，他更是会把同胞的命运推给国家。

21

这削弱了同情心，也让互助消失。起码，只有人们最强烈地感受到彼此的相互依赖，互惠互助才会达到最活跃的程度。经验告诉我们，社会中被政府忽略的受压迫阶级，总是最紧密地团结在一起。但是，在公民和公民之间冷漠相待的地方，就连丈夫对妻子，家长对家庭成员，也都不会关心。

如果让人们在他们所从事的各种事业中完全由自己决定，并且切断除了他们自身努力所获之外的所有外部资源，那么，他们往往更会陷入困难和不幸，不管他们自身有没有过错。但是（在这种情况下），人注定会获得的幸福，无往而不是他自身的能力所取得的，正是这种自求多福情形的性质，锻炼了他的理智能力，塑造了他的性格。国家机构通过过于细致的干预束缚了人的自发性，难道没有例子表明这种恶果吗？这样的例子无疑太多了；习惯于依赖外部支持的人，在危急时刻更容易自我放弃，因此走向更加绝望的境地。因为，如果说，正是与不幸做斗争，以及全力以赴去面对，减轻了灾祸，那么，虚假的期望则会使灾难的严重性加重十倍。总之，即使在最好的情况下，我在这里所谈到的国家也都太像医生了，滋养着疾病，以延缓病人的死亡。而在医生出现之前，人知道的仅仅是，要么健康，要么死亡。

3. 人所关心的一切，无论仅仅是直接或间接地满足身体的需要，还是更一般地实现外在的目的，都与他的内在感觉密切相关。有时除了这个外在目的，还有一个内在目的，甚至有时这个内在目的才是一个人真正想要的，其他的东西只不过是或必然或偶然地与之相关联。一个人越是表里如一，他对外在事物的选择就越是自由地源自其内在存在，内外之间的连结就越是频繁和紧密，甚至在他不能自由选择外在目的时更是如此。因此，一个有趣的人，无论在什么境遇和什么工作中，都是有趣的，尽管只有当他的生活方式与他的性格和谐一致时，他的生命才能开出美丽优雅的花朵。

所以，所有的农民和手艺人也许都可以成为艺术家；也就是说，一个热爱本职劳动的人，通过自己的塑造天分和发明精神改善了他的劳动，从而锻炼了自身的智识力量，提升了品格，并且增进了快乐。因此，恰恰是那些尽管本身很美但现在却经常让人觉得丢脸的事物，可以让人升华到高贵之境。一个人越是习惯于反思和敏感地生活，他的智识和道德力量就会变得越强大越高雅，他就越是渴望只选择那些为他的内在发展提供更多空间和材料的外在目的；或者，至少，克服命运给他带来的不利条件以求转变。只要一个人不懈追求这个至高无上的目标，也就是内在生命的发展，让这个内在生命成为他一切活动的主要源泉和最终目的，一切身体和外在的东西都只不过是它的外壳和工具，那么，他向伟大和优美的提升就是不可限量的。

举个例子来说吧，一个民族在不受干扰的农耕中所锻造的性格，是多么夺人眼目的一幅历史画面啊。他们将劳动奉献给土地，土地对他们的勤劳报之以收获，这甜蜜的镣铐将他们拴在田野和炉边。投入祈求福报的辛劳，共同享受劳动的果实，用爱的纽带缠绕每一个家庭，就连他们的劳动伙伴牛也并没有完全排除在外。年复一年，种子必须播种，年成必须收割，以及偶尔会落空的希望，铸就了他们的忍耐、信任和节俭；人们可从大自然之手直接获得果实，并且不断深入意识到，尽管人手必须首先播下种子，但生长和繁盛并非出自人手；总是要看老天是否赏脸；所有这一切唤醒了对更高存在的预感，在敬畏与希望的交替中，时而恐惧，时而欢欣，驱使他们祈祷和感恩。最单纯的崇高、最安稳的秩序和最温和的善，构成一幅生动的形象，将他们的生命塑造得质朴、伟大，而又温顺，使他们的心灵乐于服从习俗和法律。总是习惯于生产，永不习惯于破坏，农民本质上是和平的，远离了恶行和报复，但是面对无缘无故的挑衅，面对破坏他的和平的人，却也能生出最无畏的勇气以反抗这种不正义。

23

　　但是，自由无疑仍是不可或缺的条件，没有自由，即使最合乎人性的追求也无法产生此种有益的作用。无论什么东西，只要不是出自人的自由选择，或仅仅是引导和指导的结果，都无法进入他的存在，而是仍然远离他的真正本性；他之完成这件事，不是真正出自人的力量，而是出自机械的技巧。[2]古代人，尤其是希腊人，习惯于认为，每一种直接与人的体能训练或外部优势相关，而不是着意于人的内在教养的职业，都是有

【2】 J. S. 穆勒："一个欲望与激情不能由自己决定的人，毫无性格可言，跟一台蒸汽机之毫无性格没什么两样。"《论自由》，剑桥版，第60—61页；多伦多版，第264页。

害的和有辱人格的。因此，他们中许多最有博爱之名的哲学家也赞成奴隶制；通过一种野蛮和非正义的便宜之计，牺牲人类的一部分以成全另一部分取得最高的力量和美。但是，理性和经验很容易表明，这整个推论的基础是错误的。没有任何一种追求不可以使人高尚，给予人性某种有价值和确定的形式。唯一需要考虑的是它的实现方式；我们在此可以假定一种普遍的规则：一个人的追求可以对他的教养产生有益的影响，只要这些追求和用之于它的精力能够满足他的灵魂的需求；而一旦它把注意力更多地放在追求的结果上，并且把职业本身仅仅视作一种手段，则它们不仅不会产生有益的影响，甚至还会有害。因为任何以其内在价值吸引我们的东西，都能唤起爱与尊重，而仅仅被视为手段以求有利可图的东西，只能诉诸我们的自利；那些出于爱与尊重的动机，直接使人性变得高尚，反之利益动机则直接使人堕落。如今，在实行我们在此所讨论的这种积极关心的时候，国家只会考虑结果，并且订立规则，这些规则执行起来只会最直接有利于国家想要的结果。

这种狭隘的观点在这里比在任何地方造成的危害都更大，因为既然人所真正追求的是道德或智慧的目的，或者至少，目的就是目的本身，而非所意图的结果，这些结果仅仅是或必然或偶然地关联于目的。例如，在所有科学研究和宗教观点中，在各种人类联合中，尤其在那种无论对个人还是对国家来说都最自然、最重要的结合中，即婚姻中，上述结论都是显而易见的。

婚姻，或者以它可能最好的定义来说，即两种性别的人的结合，正是建立于性别的差异之上，它可以从多种不同的方面来理解，正如它是以多种多样的形态接纳了对待两性差异的不同态度，以及不同的心灵禀性和由此产生的不同的理性目的；在这种结合中，每个人都会表现出他的整个道德品格，尤其是他的感情的强度和独特性质。在其中，一个人是更多表现出外在目的的追求，还是内在本质的运用呢？在他的内质中，更活跃的原则是理智还是情感呢？他是爱得热切但去得也快，还是慢慢投入但忠贞不渝呢？他是使关系松散，还是使关系更加紧密？在最亲密的关系中，他是保持了更多还是更少的独立呢？还有无数其他考虑以各种各样的方式改变着他与婚姻生活的关系。但是，无论这种关系采取什么形式，对他的生活与幸福的影响则是一定的；他根据内在感觉寻找或创造现实的企图不是成功就是失败，而他的人生是得以成就更高的圆满还是反之倒退，就大多取决于此。这种影响在我们尤其感兴趣的那种人身上最强烈地表现出来，他们从最精细入微之处形成自己的理解，并使之最深入最持久地保持。一般说来，人们更有道理把女性而不是男性归为这种人，而且正因为此，女性的品格最容易为一个民族中家庭关系的特征所决定。她被完全杜绝于大多外部职业，差不多仅仅沉浸在那些令其内在本质几乎不被打扰的生涯中；她更强的一面更多的是她能是什么而非她能做什么；她在安娴静谧中比在宣之于外时更具表现力；她被更丰沛地赋予种种直接而难以言喻的表现力，更美妙的身形，更灵动的眼

25

睛，更动人的声音；在与别人的关系中，宁愿期待与接纳，而不取主动；她虽天生比较柔弱，却并不因此而攀附强权，而毋宁抱着对力量与强大的衷心爱慕；在婚姻中，她孜孜以求接纳对方，将所接纳的东西塑造在自己身上，并将自身所受到的教育反馈回去；同时，她也为勇气所激发，这勇气将爱的关怀和力量感注入灵魂——不是傲慢蔑视，而是宽容忍耐；严格说来，女人比男人更接近理想的人类本性；即使在真实中她们罕有达到这一理想，那也仅仅是沿着笔直陡峭的路径上升比绕道而上更为艰难罢了。然而，一个如此敏感却又自身具足的存在——没有任何事物不会对她产生影响，而且每一种影响激动起的都是她的整个存在——其必然会被外部的不协调所打扰，就自不待言了。不仅如此，社会中有无数的东西有赖于女性品格的培养。假设每一种卓越都要通过某种特定的存在展现出来，如果这一点不是有点异想天开的话，那么，我们就可以相信，人类全部的美德就宝藏于女性的品格之中。正如诗人真实而深刻的名言：

男人追求自由，女人追求美德。[3]

如果说男人努力寻求的是移除阻碍他发展的外在障碍，那么女人的敏锐之手则画出的是有益的内在界限，只有在此界限

——————————
【3】 歌德：《托尔夸托·塔索》（*Torquato Tasso*），第二幕，第一场。

内，丰沛的力量才能盛开为花朵；她把界限规定得更加精确，因为她更深刻地把握了人性的内在本质，更清楚地领悟了错综复杂的人类关系，因为她所有的感官都是警觉的，她避免了常常让真理变得模糊不清的诡辩。

如果有必要，可以让历史来为这一论点提供充分的证明，并表明国民道德跟对女性的尊重之间有着密切的联系。从中可以清楚地看出，婚姻的结果和当事人的性格一样多种多样，而且，正是由于这是一种与当事人个体的特性密切相关的结合，当国家试图以法律来规范它，或通过其他机构的力量左右它，而不是使之取决于人的纯粹的禀性喜好，都必然会产生最有害的后果。此外，如果我们记得国家只关心此类规范的最终结果，比如，人口（增长）、儿童教育等等，那么，我们就更应该承认上述结论的正确性。当然也可以证明，对此类事物的关心会产生跟高度关心人类最美好的内在存在同样的结果。因为，经过仔细观察，已经发现一男一女不受打扰的结合最有利于人口（增长）；同样不可否认的是，没有别的结合来自这种真正的、自然的、和谐的爱情。此外，还可以看到，两性爱情导致的结果，与法律和习俗倾向于建立的那些关系相同，如生育子女、家庭教育、共同生活、参与公共利益，以及男主外和女主内的安排。但此类政策的根本错误在于法律的命令，因为这种关系是不能按照外部的安排塑造自己，而是但凭人之禀性喜好的；无论强迫或指导在哪里与喜好发生冲突，它们都会使它更远地偏离正确的道路。因此，在我看来，国家不仅应该放松这种控制，而且，如果我可以应用上述原则（我不是在说一般的婚姻，而是在谈论由限制性的国家机构产生的诸多伤害性后果的一种，其在婚姻的例子中特别明显），国家应该完全退出对婚姻制度的积极关心，无论是婚姻的一般情形还是它的具体变化形式，都应该完全留给个人的自由选择，以及他们可能签订的各式契约。我不会因为害怕扰乱一切家庭关系，或首先会妨碍这种关系的形成，就放弃采用这一原则；尽管这种担忧在这样那样的场合是有道理的，但是我关心的仅仅是普遍意义上的人与国家的性质。因为经验常常告诉我们，只要法律不来牵绊，道德就定会产生约束；对于一个像婚姻一样，仅仅建立在人之禀性喜好和内在义务感上的关系来说，外部强制的观念是完全不相宜的；这种强制的结果也是根本事与愿违的。

4. 一个国家对其公民正面福利的关心必然是有害的，因为这种关心必须作用于由个人组成的混杂群体，因而通过与个体情况不相契合的手段而对这些人造成损害。

5. 它妨碍了人的个性和特殊性的发展……[4] 在道德生活乃至一般的实践生活中，这里似乎是说人们只要遵守规则——然而可能仅仅限于基本的法律原则——就可以了，处处把自己和他人最具个性的发展作为最高观念放在心中，处处让自己由这种纯粹的意图所引导，特别是让所有其他利益都服从这一规则，一种不掺杂任何感性动机而被认可的规则。但是，人性

【4】手稿此处出现残缺。

可供栽培的所有方面，都处于一种非常紧密的联系之中，如果说在智识方面，这种关联即使说不上紧密，但至少比在身体方面更加清晰可见，那么在道德领域就更加明显。因此，人们联合起来，不是为了放弃自己的个性，而只是为了减少他们排他性的孤立；这种结合的目的不是将一个生命转变成另一个生命，而是开启他们之间的交流。每一个人都把"自身之所是"与"从别人那里接受的东西"进行比较，并利用后者来修改而不是压制他自己的本性。正如在智识领域，真理从来不会与真理相冲突，在道德领域，与人类本性真正相称的事物之间也不会有对立。因此，人们要珍惜和培养可以和谐共存的品质，使它们以新的更好的方式富有成效，那么个性之间紧密而多样的结合就是必要的，以便消除一旦贴近就不能共存、从而本质上也无益于人之伟大和美好的东西。真正的社交艺术的原则在于，不断努力把握另一个人最内在的个性，利用它，并带着最大的尊重反作用于他。[5] 因为要想体现这种尊重，一个人只有通过展示自己，并给予另一个人比较的机会，除此而外别无他法。只可惜这种艺术一直以来都最被忽视。这种忽视还很容易找到借口，声称社交活动应该是一种轻松的休闲，而不该是一项辛苦的义务，而且甚为不幸，在许多人身上也几乎发现不了其个性中有什么有趣的东西。然而，每个人只有绝对自重，才

28

【5】J. S.穆勒："随着个性的发展，每个人变得对自己更有价值，因此对他人也更有价值。"《论自由》，剑桥版，第63页；多伦多版，第266页。

不会去寻欢作乐而浪费自己的最高才能；只有对人性保持绝对敏感，才不会贬低同侪，说他们全然无用或冥顽不灵。一个以影响同胞为自己职志的人，至少不能忽视这种可能性，即，只要国家积极关心公民的外部物质福利（这与他的内在福祉密切相关），就不可避免地会对个性的发展造成障碍，这样我们就找到了一条新的理由，说明为什么国家不应该被允许行使这种干预，除非情形使得它有最绝对的必要。

那么，这些就是国家积极关心公民福利可能导致的主要有害后果；尽管它们可能与某些特定的政策实施方式有特别的关系，但我认为主要还是与采取这样的政策本身是分不开的。到目前为止，我一直有意把所论局限在国家对物质福利的关心，并严格从这个观点出发，小心翼翼地撇开一切只涉及道德福祉的东西。但是我在开始的时候就提到过，这个主题不允许任何严格的区分；并且这可以作为我的借口，如果前面的推论自然而然引出的许多结论，也适用于对一般积极福利的关心的话。不管怎样，迄今为止我一直假定此类国家机构已经设立，所以我还要谈谈在此类机构的实际框架中呈现出来的某些困难。

6. 当然，在这里，没有什么比权衡这种制度想要的优点和总是出现的缺点（特别是对自由的限制）更有必要的了。但是以这种方式权衡后果总是非常困难的，而且也许完全不可能做到。因为每一个起限制作用的机构都会跟自由且自然发展的能力相冲突，并产生无限多样的新情况；即使我们假设事件的进程是最平稳的，抛开所有严重的和不可预知的不利因素，随之而来的无数后果也是不可预见的。任何一个有机会在国家高级行政部门任职的人，定会从经验中意识到，很少有政治措施真正具有直接和绝对的必要性，而有多少政治措施恰恰相反，只有相对和间接的重要性，并且只是延自以前的措施。这样一来，政治措施越是偏离原初的目标，大量措施的叠床架屋就越变得势不可免。这样一个国家不仅需要更大的收入来源，此外，它还需要增加人为的监管，以维持纯粹的政治安全：各个独立的部门不会协调一致地运转——政府的运行需要更多的警惕和行动。因此，就需要进行艰难的计算，即国家的可用资源是否足以为已经开展的工作提供手段，但不幸的是，这种需要常常被忽视；即便这种计算表明收支已经不成比例，它也只会建议新的人为安排的必要性，最终，太多现代国家不得不遭受过度的国家权力之恶果（虽然不仅仅是这个原因）。【6】

这里还有一个特殊的有害后果我们不能忽视，因为它密切地影响着人类的发展；这就是，政治事务的管理本身随着时间的推移变得日趋复杂，需要数量惊人的人投入时间来运行它，以免它陷入彻底的混乱。同时，他们大部分处理的无非是记号和表格；因此，不仅第一流的头脑不再有事物可供思考，有用的手也从实际工作中移开，而且他们的智力本身也被这种半

【6】 这段话和后面的一段话无疑出于洪堡自己在政府服务的经验，在撰写本文时，他刚刚怀着厌恶去职。

30 是空洞半是狭隘的使用所损害。此外，新的职业是由国家事业的需要引入的，这使得国家的公职人员为了他们的饭碗，更依赖于社会的统治阶级而不是全体国民。经验一再向我们表明由依赖而产生的诸多弊病，这里无需过多着墨，比如，什么等着国家救济啦，什么缺乏独立啦，什么虚伪虚荣啦，什么冷漠麻木啦，乃至贫困匮乏，不一而足。弊由害生，害又生弊，循环无已。一旦习惯了国家事务的这种处置方式，人们便越来越失于洞察事物的本质，而仅仅专注于形式；他们于是尝试新的改进，也许意图是好的，但是无法充分符合所要求的目的；这些措施的有害影响必然带来新的形式、新的复杂情况，并且常常带来新的限制，从而产生新的部门，这就需要大量增加工作人员来有效地运行这些部门。因此，在大多数国家，从一个年代到下一个年代，公职人员的数量和登记造册的范围都在增加，而臣民的自由则在相应地减少。此外，在这样一个政府中，当然一切都取决于最警惕的监督和谨慎的管理，因为在这两方面都有太多犯错的机会；因此，为了避免出错和疏漏的风险，人们不无道理地试图确保一切事情都有尽可能多的人经手。

但是根据这种处理事务的方法，事情几乎变得完全机械化了，而卷入其中的人也成了机器，真正的技能和正直也总是随着信任和信念的撤出而减弱。最后，由于我这里所说的这些职务必须被赋予极度的重要性，于是，关于什么重要什么不重要，何谓高级何谓低级，何为本质目标何为从属目标，统统变得颠倒扭曲了。至于另一方面，这些业务的必要性又因为许多显而易见的有益结果而补偿了它们的害处，我在这里就不再多谈了，而是立即转入最后的考察——对此，前面所有谈的都是一个必要的准备——国家的积极干预只会产生观念的普遍扭曲。

7. 总而言之，在我们所说的这种政策下，为了事而忽视了人，为了结果而忽视了创造力。一个按照这种制度组织和管理的政治社群，更像是一大堆有生命却无活力的行动和享受工具，而不是充满活力并积极享受的人群。通过贬低积极生活的自主性，这样的国家似乎只把眼光局限于幸福和享受。但是，就算这种计算是正确的，即对幸福度和享受的测量根据的是享受者的感觉，它仍然低估了人性的尊严。因为不然的话，这套以安宁为目标的制度，为什么会心甘情愿地放弃人类最高的享受，就好像害怕后者会扰乱一样呢？人在意识到他的个性和创造力发挥到极致的时候，喜悦感是最大的。无疑，这样的时候，也是他最接近最深的痛苦的时候；因为强烈的瞬间只会继以相同的强烈，命运决定着它究竟是快乐还是绝望。但是，如果达至人性巅峰的感觉配得上幸福的称号，那么即便痛苦和遭难也具有了另一种性质。灵魂变成幸福或痛苦的真正宪位，它并不随着环境的波涛而起伏。我们在这里讨伐的制度只会令摆脱痛苦的努力徒劳无果。但是真正了解快乐本质的人能够忍受痛苦，尽管痛苦折磨着想逃离它的人；他懂得在命运的平静进程里不断欢喜，伟大的前景始终诱惑着他，无论是生成还是毁灭。于是，他有了这种罕见的感觉（对于狂热者来说则并不罕见），即使自我毁灭的时刻也是狂喜的时刻。[7]

也许有人会指责我夸大了这里列举的害处；但是鉴于国家干预程度和方式的多样，其影响也就可能迥然各异，因此我必须带着保留意见重申，我的任务是跟踪这种干预的全部后果。总之，我希望本书所有的考察都是基于一般性质做出的，而可以完全不考虑现实做法的细节。在现实中，我们往往找不到一个完全和纯粹的案例，也不会看到单一元素分别开来的独特作用。而且我们不要忘记，一旦有害的影响开始产生，弊害就会以加速度的步伐增长。强上加强只会更强，弱上再弱则迅速式微。一个人怎么能跟上这快速的步伐呢？不过，如果我们承认，这些后果比我们假设的要少，那么我们就敢说，我们的理论看来就是可取的，其原则的应用必定带来真正不可估量的好处（如果这种应用完全可能的话）。因为事物本性中固有的永远活跃、永不停歇的能量，在对抗着每一种有害的制度，并积极促进一切有益的事物；所以千真万确的是，即使最活跃的恶的影响也永远无法赶上随时随地自发产生的善。

在这里，我可以用一幅画面做一个令人愉快的对比。在这幅画面中，一个民族享受着绝对的、不受约束的自由，有着最丰富多样的个人和外部关系；我可以告诉你们，在这样一

【7】 一点都不奇怪，我们会发现洪堡晚年像谢林和瓦格纳一样对东方神秘主义产生了兴趣。他狂热地迷上了《薄伽梵歌》。

个时代，多样性和独创性必定会以更好、更高、更精彩的形态出现，甚至比说不出的迷人的古代还好，在古代，不甚开化的人民不可避免地有着比较粗犷的性格，那时人的力量随着性格的教养和丰富而日益增长，世界上所有民族和地区也几乎处于无尽的交往联系之中，人性本身的基本元素似乎也要更多；我还可以继续指出，如果每一个生命都自发成长，如果环绕着它的都是最美丽的形态，并且凭借自由所培养的无拘无束的自发性，把这些形态全都吸收到自己的内在之中，那么我们会看到新的力量将是多么蓬勃。我可以指出，如果没有任何东西来干扰一切人类追求对心灵和性格的反作用，人类的内在生活将会以怎样的微妙和精致展现出它的力量和美好，它将如何成为他活动的最终目标，一切物质的和外在的东西都融入内在的道德和智慧生活，连接人及其本性的纽带也将获得持久的力量；没有一个人会被另一个人的利益所牺牲；而是每个人都紧紧把握住赋予他的力量，而且正因为此而被更美好的渴望所激励，引向为他人利益服务的方向；当每个人都在依照自己的个性而发展之时，美好的人类特性会出现更多样和更精致的变化，片面会变得更加罕见，因为它通常是虚弱和不足的结果；如果每一个人，再也没有任何东西迫使他人同化于他，他就被不断增长的与他人交往的需要所促动，迫使他根据他人改变自己；在这样的民族里，任何力量和人手都不会丧失掉提升和改善人类生存的任务；最后，通过这样的力量集中，所有人的目光都被引向这个单独的最终目的，并且摒弃任何错误的

33

或配不上人性的目标。下面，我要得出结论了，我的讨论表明，如果这样一种制度的有益结果可以在任何民族的人民中散布开来，那么，甚至将会消除无数从未得到根除的人类痛苦、毁灭性的自然灾难、人类敌意的摧残蹂躏，以及感官放纵的过度泛滥。不过我满足于通过这幅对比图给出的大致轮廓；对我来说，抛出一些启发性的想法以待更成熟的判断来检验就足够了。

如果要我现在来给前面整个讨论得出一个最终结论，那么，本项研究的这一部分的第一个原则就必须是，国家应该放弃对公民积极福利的所有关怀，在保障了公民之间的相互安全和抵御外敌之外，再不可前进一步；没有任何其他目标可以让国家对自由强加限制。

现在，我本该转入讨论实现这种关心要通过哪些手段，但是由于我所希望建立的原则完全不赞成这种事情本身，所以这里就没必要再说了。我至多作一个泛泛的评论，为了福利而限制自由的手段在性质上是多种多样的，直接的有法律、训诫、奖励，间接的有国家作为最重要的产权人而获得的无上权力，以及豁免权、垄断权等等；所有这些，无论是直接的还是间接的，无论它们的种类或程度如何不同，都伴随着有害的后果。如果你并不认为国家的这些做法有害，那么再来否认国家享有从个人手中拿走提议奖励、发放贷款、成为产权人等等的特权，就似乎有些奇怪了；如果国家在实践中真像抽象分析表明的那样有着双重人格，那就没什么可反对的。[8]那么这就跟一个个体的人被赋予巨大的影响力没什么不同。但是，即使不说理论与实践的区分，只要我们反思一下，作为私人的个体，其影响力很容易衰减，通过个体之间的竞争、财富的耗散，甚至个体的死亡；显然对于国家来说，并不存在这些偶然情况；因此，我们仍要保留这一原则，即国家不应干涉纯粹安全事务以外的任何事情，而既然国家干涉不能得到非这样不可的强制性论据的支撑，那么我们这一原则的效力就得到了增强。此外，一个私人个体还会出于不同于国家的动机而行动。如果一个个体公民提供一项奖励，让我假设这个奖励跟国家的奖励一样有效（尽管这也许从来是不可能的事情），那么，他这样做是为了自己的利益。可是，既然他要与他的同胞不断交往，而且他与他们处于平等的地位，那么，他的利益就必须与同胞的利害，因而也与他们各自的地位密切相关。再则，他希望达到的目的某种程度上已经在当下被预料到了，从而产生了有益的结果。但是，国家行为是出于理念和原则，而即便最准确的计算也往往会落入歧途；即便理由是国家以私人名义行动，其对公民的福利和安全也往往是非常危险的，并且，公民地位从来不在与国家平等的水平上。而就算我们把国家视同个人，那它就不再是可以采取行动的国家了。正是这种推理的性质本身禁止

【8】 洪堡指的是公法和私法的区别。（译按：此处英文版编者注似有误，洪堡这里的意思是，国家既可以是一个公权力的代表，也可以是一个具体的人格化身。）

将它做这样的应用。

我们这些讨论的出发点，以及之前整个论证的出发点，除了仅仅依据人的力量及其内在发展，再无其他考虑。如果这种推理完全无视这些力量发挥作用所必须存在的条件，那么它就可以被指为片面的。与此同时，这里还自然产生了不可忽视的问题，即我们从国家权限中撤出的这些东西，它们是否可以不依靠国家而自己发达起来。在这里，我们本该依次考察各种不同的行业，如手工业、农业、工业、商业，以及我迄今为止笼统谈到的所有那些各类活动，并借助技术知识来展示自由和放任（*Selbstüberlassung/laissez-faire*）的好处和坏处。但是缺乏这种技术知识使我无法进行这样的讨论。我还认为，这对主要问题来说其实也没什么必要。不过，这种考察，尤其是从历史角度进行这样的考察，将非常有助于使这些想法更有说服力，同时判断将它们付诸实践的可能性，当然总是要作实质性的修改，因为任何政治社会的现存秩序都不会允许它们未经修改地应用。我在这里仅仅提出几个一般性的思考。任何一种事业，不论其性质如何，如果只是为追求而追求，而不是为了它所能有的结果，都会做得更好。这也是深深植根于人性之中的，很多东西对人来说往往都是始于效用，而终于其魅力本身。这仅仅是因为，对于人来说，行动比单纯的占有更加珍贵，只要行动是自发自主的。恰恰是最有激情最有活力的人，宁愿无所事事也不愿强迫劳动。此外，财产的观念只有随着自由的观念而增长，正是有了对财产的感觉，才让我们有了最活跃的活动。

任何一个伟大目标的实现都需要秩序的统一。这无需证明，想想对任何重大灾难，如饥荒、洪水等等的预防和防御吧。不过，这种统一也可以出自国民自己的安排，而并非只能依靠国家。只需要把结社自由扩大到国民的各部分乃至国民全体即可。国民机构和政府机构之间总是有着巨大而重要的区别。前者只有间接影响，后者的影响则是直接的；因此，对于前者，在缔结、解散或变更联合关系上总是有更大的自由。很可能所有的政治联合最初都只是这样的国民结社。在这里，经验向我们显示了将安全保障与其他最终目的结合起来的致命后果。无论谁负责安全问题，他都必须拥有绝对的权力。但是他也将这种权力延伸到对其他目标的追求；一个机构离产生它的源头越远，它的权力就越大，最初的契约也就越被遗忘。然而，一个政治机构要想做到真正有力，只有忠实地遵守这一原始契约及其权威。仅仅这个理由可以说就足够了；但是，即使基本契约被严格遵守，即使国家联合是最严格意义上的国民联合，个体的意志也只能通过一个代表制度来表达；但多头的代表不可能真正传达被代表者的所有意见。但是，我们的整个论证引导我们得出的一个要点，即确保获得每一个个体的同意的必要性。这种必要性甚至排除了多数表决的可能；可是，在国家将它的作用扩展到包括影响公民积极福利的各项事务的情形下，（除了多数表决）又没有别的办法可想。那些不赞同的人，除了退出社会以逃避其管辖，并使多数表决不再适用于他们的个体情形，并没有什么其他选择。可是，当我们想到退出社会就意味着退出国家时，这几乎是不可能的。此外，最好是针对特定情形建立特定的联合，而不是为了不确定的未来而广泛地缔约。最后，极其难在一个民族中建立起自由人的联合体。即使一方面这让最终目标的实现似乎变得更加困难，不过另一方面仍然可以肯定的是，任何更大的联合总的来说都是益处更少；当然也不应该忘记，任何克服困难而建立起来的东西，也会从长期磨合的力量巩固中获得更持久的耐性。一个人越是独立行动，他就越能发展自己。而在大的联合体中，他更容易变成一个工具。此外，这种联合也往往要为以虚文代替实务负有责任，这种做法总是妨碍人的自我发展。僵死的文字无法像活泼的本性那样振作人心。举个例子，我只需拿济贫法的情况来说一下。有什么东西会如此有效地削弱和摧毁所有真正的同情、所有充满希望但又谦虚的恳求、所有人对人的信任吗？如果一个乞丐更愿意待在收容院里被照顾，而不是在与贫困作斗争后祈求得到同情之心而非施舍之手，那么不是每个人都会鄙视他吗？最后，我承认，如果没有人类在过去几个世纪里通过大规模参与的辛苦劳作，人类的进步可能不会有如此迅速的步伐；但是速度并不是一切。果实即便熟得慢一些，但仍然会真正成熟；这样的果实不是更珍贵吗？承认这一点，就不必再详细讨论这一反对意见了。但是还有另外两个问题有待考察：我们在此为国家作用规定了这些限制，维护安全是否仍有可能；以及，提供国家开展活动所必须使用的手段，是否并不意味着国家机器对公民之间私人关系的更多侵犯。

//////////////////////////////////

第四章

论国家对公民
消极福利的关心
——安全

- 这种关心是必要的，是国家的真正目的
- 这段得出的最高原则
- 历史的印证

国家创建的主要目的，是对抗源自人的某种欲望的恶果，
即人总是会越出自己的适当界限而不公正地侵犯他人权利，[*][1]
进而导致不和谐。如果这些情形，跟自然界的物理恶果一样，
或者跟人类的某些道德罪恶一样，无论是严重的享受不均还是
背离自保的必要条件而导致自我毁灭的其他什么行为，那么，
组成国家的这种联合就将不是必要的。自然的恶果可以被人类
的勇气、聪明和谨慎所克服；道德的败坏，也可以通过在经验
中成熟的智慧来解决；不管是哪种情况，都能通过消除弊病而
结束斗争。因此，任何最后的、绝对的权威，也就是说真正凸
显了国家概念的权威，都是完全不必要的。但是，事实上，人
类的纷争是完全不同的，这使得在任何时候都绝对有必要存在
这样一种至高无上的权力。因为，在这种不和谐中，争斗会再
生争斗。侮辱带来报复，而报复生成新的侮辱。因此，就有必
要寻求一种不允许任何进一步报复的报复——由国家施加的惩
罚——或寻求一种各方有义务接受的争端解决办法，即司法裁 39

【*】 我在这里不得不迂回地使用一个希腊字 πλεονεξια 来表达这个意思，我在
　　其他语言中找不到与之完全对等的词。我们也许可以用德语说，"Begierde
　　nach mehr"（渴望更多）；然而，这仍然涵盖不了这个希腊字所传达的不正
　　当之义——至少，其即便不是单词的字面意思，在写作中也是不断使用的。
　　而 "Uebervortheilung" 这个词（意即超过一个人的份额），虽然意思还不那
　　么充分，但可能更接近这个概念。
【1】 J. S. 穆勒：《论自由》，剑桥版，第78—79页；多伦多版，第278—279页。

决。此外，没有什么比人类与同伴之间的竞争更需要如此严格的强制和如此无条件的服从，无论我们正在考虑的是驱逐外敌，还是维护国家内部的安全。

没有安全，人类就不可能发展自己的力量，也不可能享受这些力量所创造的果实；因为，没有安全，就没有自由。但这个条件，完全不能通过一个人自己的个人努力而实现；我们前文触及但尚未来得及充分展开的那些理由，表明这一点是确切的，并且得到了经验的证实；我们这些密切交织在一起的国家，由于有如此多的条约和联盟，由于相互的恐惧，常常阻止了暴力的实际爆发，比我们所能想象的自然状态下的人类所处的境地优越得多，然而它们并不拥有哪怕最普通的宪法下，最卑贱的臣民所享有的那种自由。因此，如果说我在前面找出理由，否认了国家在许多重要问题上的权限，因为国民自己同样可以做得很好而又不会导致由国家干预产生的不良后果，那么现在，我必须出于同样的理由来要求国家负起安全的责任，这个唯一不能由个人自己独自努力而获得的东西。[†]因此，我在此要提出第一个肯定性的正面原则（下文会对此原则作更仔细的界定和限制）——抵御外敌攻击，防御内部冲突，维持国民安全，是国家真正和适当的关心所在。

迄今为止，我一直试图做的，都仅仅是以否定性的方式来

【†】"人身安全和自由是一个人自己无法保证的唯一东西。"米拉波：《论公共教育》，第119页。

界定国家的这一真正目的，表明国家不应将它的关心扩大到这个范围之外。

这一论断可以得到历史的证实，因为在所有早期国家里，国王实际上只不过是战争时期的领袖以及和平时期的法官。注意我说的是"国王"。因为（如果允许我离题的话），在那些人们最珍惜自由的时期，他们拥有很少的财产，只知道和珍视个人力量，并在不受限制的力量发挥中找到最高的享受——在那些时期，无论看起来多么奇怪，历史向我们展示的都只是国王和君主制。我们看到，这在所有亚洲国家，在最古老的希腊和意大利，在那些最热爱自由的部落——日耳曼诸部落，皆是如此。[‡]如果我们反思一下原因，会震惊地发现，选择君主制证明了选择它的人享有最高的自由。

正如前面所说，首领的概念只能是来自对军事统帅和争端裁决的深切需要。于是，将领或裁判官无疑成了最佳的便利选项。担心选中的人最终会成为主人，这是那个真正自由的人所不知道的；他甚至没有梦想到这样的可能性；他不相信任何人有能力颠覆他的自由，也不相信任何自由人会希望成为一个主人；事实上，渴望支配，对自由的高尚美好毫不萦心，正表明人热爱奴隶制，只是不希望自己成为奴隶，因此，正如道

【‡】 'Reges（nam in terris nomen imperii id primum fruit）', etc. "王——这是世俗权威的最早头衔"等等（见萨卢斯特《喀提林内争》第2章，Sallustius in *Catilina*. c. 2）。Κατ' αρχας απασα πολις Ελλας εβασιλευετο. "所有希腊诸邦最初都是由国王统治的"等等（见哈利卡那索斯的狄奥尼西奥斯《古代罗马史》第5卷，Dion. Halicarn., *Antiquit. Rom.*, l. 5）。

40

德科学起源于犯罪，神学起源于异端，政治则产生自奴役。只是，我们的君王当然没有荷马和赫西俄德诗里国王那样的甜言蜜语。[§]

【§】 大神宙斯的女儿们若想以恩典
　　荣耀哪个神育的国王，就在他们诞生时
　　往他的舌尖滴一滴甘露，
　　使他从口中倾吐蜜般言语。……

　　因此，被赐福的国王是明智的，若有人
　　在集会上错误行事，他能轻易
　　扭转局面，以温言款语相劝服。

　　（赫西俄德《神谱》，第81行及其后，第88行及其后，译文参考吴雅凌撰《神谱笺释》，华夏出版社，2010年版，略有改动。）希腊文原文如下：

　　Οντινα τιμησουσι Διος κουραι μεγαλοιο,
　　Γεινομενον τ' εσιδωσι διοτρεφεων βασιληων,
　　Τω μεν επι γλωσση γλυκερην χειρουσι εερσην,
　　Του δ' επε' εκ στοματος ρει μειλιχα.

　　Τουνεκα γαρ βασιληεσ εχεφρονεσ,ουνεκα λαοις
　　Βλαπτομενοις αγορηφι μετατροπα εργα τελευσι
　　Ρηιδιως, μαλακοισι παραιφαμενοι επεεσσιν.

第五章【1】

//////////////////////////////

论国家对防御外敌
保证安全的关心

【1】 这一章和下一章最早发表在《柏林月刊》（1792年10月和12月）。

- 国家为抵御外敌而采取的安全措施
- 为这一考察所选择的视角
- 战争对民族精神和性格的影响
- 将其与我们所处的状态以及为此设置的相关机构相比较
- 这种状态对人的内在教育的多方面弊端
- 从比较中得出的最高原则

如果在澄清我们的主要思想时，没必要依次将它应用到所有个别情形中，那么为了回到主题，关于防御外敌的安全问题我几乎无需再多置一词。但是，只要我把自己限制在战争对国民性格的影响上，也就是限制在我所选择的作为整个研究指导原则的主要观点上，那么这种看似离题就没有那么严重了。

从这个角度来说，战争在我看来是对于人性教养最有益的现象之一，当我看到它越来越从历史舞台中退出，这是不无遗憾的。当然，战争是一个可怕的极端，人类所有对抗危险和艰难困苦的积极勇气，都是在战争中得到考验和磨砺的，随后这种勇气以其变化多样的形式进入人们的日常生活，并且只有勇气才赋予整个人以力量和差异，没有它，轻松就是软弱，团结就是空话。

也许有人会说，除了战争，实现这一目标还有其他方法：有许多种活动都充满着身体危险，以及道德危险（如果可以这样说的话），无论是内阁里坚定不移的政治家，还是孤独斗室里精神自由的思想家，都随处可遇这类危险。只是我还是不能放弃我的信念，即一切精神性的东西都无非是在身体上开出更美妙的花朵，这里也是如此。可是这种能够开出生命之花的茎干存在于过去。但是对过去的记忆不断地被遗忘；同时，国民中能够被过去所影响的人数一直在减少，甚至其影响程度也在渐趋减弱。其他的事业，如航海、采矿等等，虽然同样危险，但或多或少地缺乏与战争密不可分的伟大和荣誉理念。

这种理念并非妄想，它出自不可战胜的力量概念。对于不可支配的力量，人们往往寻求摆脱或者默默忍耐，而不是力图战而胜之——

神

岂是

人可争【2】

但解脱不是胜利；命运的恩赐，以及只有人类的勇气和聪明才智才可利用的东西，不是神力的结果或证明。再者，在战争中，每个人都认为正义站在自己一边，有耻辱需要报复；而自然状态下的人，把雪耻看得比苟活更重要，这是一种即便最文明的人也不能否认的感情。

没有人会相信，在我眼里，一位战士的阵亡要比勇敢的普林尼的死更美丽，或者比英名几被遗忘的罗伯特和皮拉特·德·罗齐尔的死更美丽。【3】但是此类事例太少了；谁知道，如果没有对那些先例的记忆，这些事情是否会发生。此外，我没有刻意选择最有利的战争例子。拿温泉关的斯巴达人为例，

【2】 歌德：《人类的界限》，诗，第11行及其后。

【3】 皮拉特·德·罗齐尔是一名不成功的热气球驾驶员，他在1785年试图横渡英吉利海峡时遇难。"罗伯特"是洪堡对罗齐尔的同伴"罗曼"的误称。[L]

敢问一个如此杰出的英雄主义典范会对一个民族产生怎样的影响？我知道这样的勇气和自我牺牲在生活中的任何情况下都可以而且确实会表现出来；但是，如果一个易感的人被一个最生动的例子打动，我们能责怪他吗？我们能否认这样一个例子有最普遍的影响吗？尽管我听说过比死亡更可怕的坏事，但是我还从来没见过一个极力享受生活的人会视死如归，除非他是一个狂热分子。可是至少我们会在古代寻见这种精神，在古代，事物尚重于名号，当下尚重于未来。因此，我心目中的战士，不是像柏拉图《理想国》中那样受过训练并献身于战争生涯的人，[4] 而是那些像对待寻常事物那样对待生死，既珍视最高贵之物又敢于拿最高贵之物去冒险的人。所有那些把对立的极端最紧密最多样地结合在一起的情形，都是最有趣和最能提升人的；但是哪里有比战争更切实如此的情形呢？在战争中，喜好和义务，人的义务和公民的义务，似乎不断地发生冲突，然而，一旦正当的自卫把武器交到我们手中，所有这些冲突就都找到了最充分的解决办法。

43

　　唯独从这个角度，战争可以被认为是有益的或必要的，在我看来，这也表明战争应以怎样的方式被用之于国家。为了促进战争所产生的精神，并把它传播到国民全体，自由必须得到保证。这就等于是说，反对维持常备军。再者，常备军以及其他更新的战争方法，当然远远够不上提升人的教化这个理想。

【4】 柏拉图，《理想国》，第三卷。

如果一般来说，战士一旦放弃自由就退化为机器，那么这种退化在我们现在进行战争的方法中一定更加彻底和可悲，因为战争远不像以前那样依赖个人的勇气、力量和技能。这种牺牲所带来的后果会变得多么致命？只要我们想一想，在和平时期，国民中相当大的一部分人被迫生活在这种机器般的生活中，不仅仅是几年，而且往往就是一生，而这仅仅是为了防备一场可能的战争。也许没有哪里比在这儿更明显，随着某项人类事业理论的发展，理论对跟这项事业直接相关的人却越发变得没用了。毫无疑问，战争艺术在现代国家已经取得了令人难以置信的进步，但同样无可否认的是，战士的高贵品质已经相应程度地消失，只有在古代，我们才发现它们至高的美；或者，即使有点夸大其词，好战的精神往往只会给国家带来有害的后果，而至少在古代世界，我们看到它通常是有益的。我承认，是我们的常备军才把战争带进了和平的怀抱。战争的勇气唯有与最美的和平美德相结合，战争的酝酿唯有与最高的自由感相结合，才是光荣可敬的；如果把这些结合分开——想想和平时期武装起来的战士对这种分离是怎样的促进吧——那么前者就迅速退化为野蛮和无法无天的残暴，后者则退化为奴役。

不过，尽管我会谴责维持常备军，但是我也明白，我对这个问题的推演，不应超过我所持观点所能要求的限度。我绝没有忽视它们巨大的、无可争议的用处，即以均势避免了更坏的后果，否则它们轻率的缺点会将自己及地球上的一切生灵拖入毁灭。它们是整体的一部分，这并非出自自负的人类理性的任何计划，而是出自命运的确定之手。如果我们大胆地站在上古世界的一边，恰当而完整地画出这幅画面，那么，它们如何干预了我们这个时代特有的一切事物，它们如何共享着把我们区分为好与坏的功过观念，就都可以得到表现。[5]

此外，认为由我的观点出发，一个民族应该不时地寻找借口发动战争，如果这样阐释我的观点，那么我将是非常不幸的。一个民族给予它的人民自由，相邻的民族也要享受同样的自由。在任何时代，人都是人；并且不要失去原始的激情。战争自然会发生；即便没有战争出现，至少也可以肯定，和平既不是通过武力获得的，也不是通过人为的麻痹而实现的；当然，各民族的和平乃是更仁慈的祝福，因为和平的农夫总是比沾满鲜血的战士更为美丽的形象。如果我们相信整个人类处在不断进步的文明之中，那么可以确定的是，一代会比一代变得更加和平；但是在这样的进步中，和平是从人的内在力量中产生的；人，而且是自由的人，变得越来越热爱和平。现在，正

【5】 此处德文原文为: Sie sind ein Teil des Ganzen, welches nicht Plane eitler menschlicher Vernunft, sondern die sichre Hand des Schicksals gebildet hat. Wie sie in alles andre, unsrem Zeitalter Eigentümliche eingreifen, wie sie mit diesem die Schuld und das Verdienst des Guten und Bösen teilen, das uns auszeichnen mag, müßte das Gemälde schildern, welches uns, treffend und vollständig gezeichnet, der Vorwelt an die Seite zu stellen wagte. 译按：这一句以及这里的上下文，洪堡字面的表达有些模糊，其大概意思是，军事和战争的存在是人类不可避免的命运，现代社会看似独特，但仍然为战争（及其潜在的形式）所塑造，可是要想看清这种影响，要想让古今比较更加公正，我们只好想象自己站在更加遥远的上古世界的一边，用保卫国家的战斗来激励真正高尚的公民精神。

如一年来的欧洲历史所证明的，我们享受着和平的果实，但这
果实并非出自和平的精神。人类的力量，总是追求无休止的活
动，一旦彼此相遇，不是联合，就是争斗。这种冲突可能采取
什么样的形式——是战争、竞争，还是其他种种细微差别的形
态——主要取决于他们的文明程度。

如果我现在要从这个推论中得出为我的最终目的服务的原
则，那么这条原则就是——国家不应以任何方式试图鼓动战争，
但也不应在必要时强行干预以阻止战争；它应该允许完全的自
由，让尚武精神传播到国民的精神和性格之中，而尤其不要设
置一切旨在让国民准备战争的积极机构；或者，当这些最后的
手段变得绝对必要，比如训练公民使用武器，那么应该给他们
一个方向性的引导，不仅教给他们单单作为士兵的技能、勇
敢和服从，还要激励他们真正的军人精神或者说高尚的公民精
神，随时准备战斗保卫自己的国家。

第六章

论国家对公民内部安全
和国民教育的关心

- 促进这种安全的手段的可能范围
- 旨在塑造公民思想和性格的活动
- 道德手段
- 国民教育（公共教育）
- •是有害的，特别是因为它妨碍了教育的多样性
- •是无用的，因为在一个享有适当自由的国家里，不会缺少良好的私人教育
- •作用过大，因为对安全的关心并不需要对道德进行彻底的改造
- 因此国民教育超出了国家作用的界限

我现在需要转向一个更深入更详细的考察，即国家对公民内部安全的关心。因为仅仅将对安全事务的关心交给政治权力，将之作为政府的一项笼统而无条件的义务，似乎是不够的；我们还需要界定它在这方面作用的具体限度；或者，如果这种普遍的限定是困难的或完全不可能的，至少也要说明其原因，并发现在既定的情况下这些限制可被识别的特征。

即使是非常有限的经验也足以让我们相信，这种干预（译按：指国家对内部安全的关心）既可能是非常有限的，也可能是非常广泛的。它可以让自己局限于纠正现存的混乱失序，或者可以采取预防措施来防止它们的发生，甚至依照最适合其预先设想的社会秩序，采取某些政策以塑造公民的思想和性格。甚至这种关心的扩展也可以有不同的程度。例如，它可以让侵犯个人权利或侵犯直接国家权利的行为，受到调查和惩罚，或者，它视公民能力的运用为对国家的义务，任何削弱或毁坏这种能力都是对国家财产的攘夺，所以它会以警惕的目光监视那些即便仅仅影响行动者自己的行为。因此，我将把所有这些类型的干预放在一起，概括地谈一谈所有那些着眼于促进公共安全的机构。正如我前面所说，因为这个主题的性质不允许做出严格的区分，所以这里也就自然需要将所有那些与公民道德福祉有关的机构也考虑进来，即便它们并非在所有情况下都以安全和秩序为目标，但安全与秩序毕竟通常是此类机构的主要目标。因此，我将坚持迄今为止我所采用的方法。我一直都是从尽可能将国家干预的范围扩至最大开始，然后尝试一步一步地找出可以减去的地方，直到最后只剩下对安全的关心。在安全事务问题上，我现在也必须采用同样的方法；因此，我首先将其推至最大范围，然后通过逐步限制，得出基本的原则。如果这被认为有些太慢和太迂回了，我愿意承认教条的阐述恰恰需要这样一个反着来的方法。只有通过把自己严格限制在像现在这样的追问中，一个人才至少可以肯定没有遗漏任何真正重要的东西，并且保证了原则是按照自然和连续的顺序而展开的。

一段时间以来，人们越来越多地谈论采取适当措施防止非法行为，并呼吁运用道德手段。每当我听到类似请求时，我很高兴地承认，这种侵犯自由的做法在我们这里越来越少了，而且在几乎所有现代国家也变得越发不可能。

人们常援引希腊和罗马的历史来支持这样的政策；但是，只要他们对这些国家宪法的性质有更清晰的洞察，就会立刻发现这种比较是多么牵强。这些国家基本上是共和国；而共和制度是自由宪法的支柱，公民热情地拥抱共和，这使得他们对限制私人自由的有害性没有那么深的感受，也对他们积极主动的性格没有那么大的危害。而且，他们比我们享有更大范围的自由，任何牺牲都只是牺牲给另一种形式的活动：参与政府事务。而现在，我们的国家一般来说是君主政体，所有这一切是完全不同的；古代人可能会采用的道德手段，无论是国民教育、宗教还是道德律法，对我们来说都不会有什么成效，只会产生更大的危害。此外，我们不应该忘记，在我们对古代的钦佩中，我们倾向于认为是古代立法者英明睿智之结果的东西，大多只不过是大众习俗的作用，只有当其衰落时，才需要政治权威和法律制裁的支持。莱库古所立的法律与大多数未开化民族的风俗习惯有着明显的对应关系，这一点已经被弗格森清楚而有力地说明了；[1] 随着这个国家往文明开化方向发展，我们只能看到这种早期大众习俗的微弱影子。最后，我认为，人类现在已经到达了这样一个文明的高度，除非通过个人的发展，否则无法百尺竿头更进一步；因此，任何机构，只要它以任何方式阻碍个人的发展，将人们挤在一起压成一团，在现时比在早前时代更为有害。

即使从这些少数一般的思考中，似乎也可以得出结论，国民教育——或由国家组织或实施的教育——至少在许多方面是非常有问题的。开篇至此，本书所展开的每一个论证，都直接指向一个总体的首要原则，即人类最为丰富的多样性发展，有着绝对而根本的重要性；[2] 但是国民教育，由于它至少要选择和任命一些特定的教师，从而必然总是鼓励某种特定形式的

【1】 亚当·弗格森：《文明社会史论》（1766），"财产所有制建立之前的野蛮民族"。

【2】 就是这句被 J. S. 穆勒引为《论自由》的篇首题词（剑桥版，第3页；多伦多版，第215页）。译按：本句德文原文为：Nach dem ganzen vorigen Räsonnement kommt schlechterdings alles auf die Ausbildung des Menschen in der höchsten Mannigfaltigkeit an; 中文直译为："根据前面的整个论述，简直所有的一切都在于人的最高程度的多样性的发展。"

发展，无论它如何小心避免这样的错误。因此，它有着所有我们从前指出的这类积极政策必然带来的缺点；我只需要补充一点，即任何限制，当其作用于我们本性中的道德部分时，都会变得更加直接有害；如果有一件事比另一件事更绝对需要个人的自由活动，那就是教育，因为它的目标是发展个人。不可否认，当公民可以在国家中根据他的地位和处境所决定的方式自主活动，或者即便有冲突（如果可以这样说的话），即当国家为他指定的位置和他自主选择的位置发生冲突时，也是一方面他改变自己，另一方面国家宪法也做出某种修改，当此之时，就会产生最有益的结果；即便当然不是立竿见影的，但是揆诸所有国家的历史，自民族性格的改变中，这种影响还是清晰可辨的。不过随着公民从童年时代就被教育成为公民，这种相互作用至少总是减弱了。当然，当人和公民的角色尽可能一致时是有益的；但是，只有当公民的角色很少要求特殊的品质，也就是人可以不需要任何牺牲就可以做他自己时，这种情况才会发生；这是我在本研究中大胆阐发的所有理念唯一追求的目标。

然而，如果人被牺牲给公民，人与公民之间富有成果的关系将完全停止。因为尽管可以避免不和谐的后果，但人类联合为一个政治共同体所意欲保证的目标，恰恰被牺牲了。因此在我看来，最自由的人性教育，始终应该是重中之重，而这种教育应该尽可能少地指向公民身份。这样自由发展的人应该让自己参与到国家中去；而国家宪法也要在他身上接受检验。只有通过这样一番斗争，我才满可指望这个民族的宪法得到真正的改善，才能消除我对公民机构有害于人性发展的所有担心。因为即使这些是非常有缺陷的，我们毕竟还能够想象人的力量会起来对抗束缚，并断言，尽管有这样的束缚，人的力量终将保持它自己的伟大。不过，要想让这样的结果变得可能，只有从来就允许人的能力在其所有天性的自由中得到发展。因为如果人的力量从幼年起就被这种束缚所压制，那想要让它得到保持和扩展，得需要多么非凡的努力？而所有的国民教育系统，由于它们总是由规训的精神来支配的，都把一种特殊的公民形式强加于人的本性之上。

　　如果这样一种形式得到清晰规定，并且尽管片面但仍然是美的，就像我们在古代国家甚至现在也许还能在许多共和国里发现的那样，那么不仅这种教育开展起来比较顺利，而且事情本身也还没那么糟糕。不过在我们的君主立宪制中，令人高兴的是，对于人的发展来说，我们所描述的这种确定的形式是不存在的。这显然是它们的优点，无论伴随的害处有多少，因为在这里国家仅仅被视为一种手段，不像在共和国那里要为此耗费那么多的力量。只要公民遵守法律，使自己和依赖他的人过上舒适的生活，不做任何损害国家利益的事情，国家就不会来打扰他的特殊的生活方式。因此在这里，国民教育，就其本身而言，尽管难以察觉，所着意的仍然是臣民或公民，而不是像私人教育那样，着意于个人的发展，不去引导鼓励任何特定的美德或性格；相反，国民教育旨在产生一种均平，因为没有什

50

么比这更利于产生和维持安宁，而安宁正是这些国家最渴望的目标。但是正如我在别处所说，这种人为的均平，不是本身毫无结果，就是导致力量匮乏；而相反，作为私人教育特征的对特定目标的追求，则会通过各种各样的相互关系，更确定地产生一种均衡，而又不牺牲力量。

但是即便我们完全摒斥国民教育对任何一种文化的积极促动，即便我们仅仅把鼓励人的能力的自发发展作为它的职责，这仍然是行不通的，因为任何有组织的统一，总是产生相应的统一的结果，[3] 因此，即使基于这样的原则，国民教育的效用仍然是不可思议的。如果仅仅是为了防止儿童得不到教育，那么在父母失职的情况下指定监护人，或者在他们贫困时为他们提供补贴，会便利得多，危害也小得多。此外，国民教育也未能达到它的目的，即按照国家认为最合适的模式进行道德改造。不管教育的影响有多大，不管它如何扩展到一个人的整个行为，伴随他整个一生的环境仍然更重要得多。因此，如果所有这些与教育的影响不协调，教育本身就不能达到它的目的。

总之，如果教育只应该发展一个人的才能，而无须考虑赋予人性任何特定的公民品质，就没有必要受到国家的干涉。在51真正自由的人当中，所有的行业都获得了更快的进步，所有的艺术都绽放出更加漂亮的花朵，所有的科学都拓展了它们的范

【3】 J. S. 穆勒："普遍的国家教育不过就是一种为了把人们塑造得彼此一模一样而特制的模具。"（《论自由》，剑桥版，第106页；多伦多版，第302页）

围。在这样的共同体中，所有的家庭纽带也变得更加紧密；父母更加热心地照顾他们的孩子，在一种更幸福的状态下，更能实现他们对孩子的愿望。在自由人中间，人们竞相向上，他们的命运取决于自己的努力，而非取决于指望从国家那里获得改善，当此之时，老师们就会把他们教育得更好。因此，既不会缺少精心的家庭教育，也不会缺少那些如此有益和必不可少的社会教育机构。[*]但是，如果国家教育是要把某种特定的形式强加于人，那么人们可以完全肯定，它实际上不会有任何作用，无论是对于防止违法行为，还是对于建立和维护安全。因为美德和邪恶并不取决于是哪一类人，也不一定与性格的某一方面有关；它更多地取决于一个人性格中所有不同特征和谐与否，取决于他的力量与全部喜好之和是否匹配，等等。每一项特殊性格的发展，都会片面过度，也会因此不断趋于退化。如果整个国家都致力于某种特定的教育，那么它迟早会失去抵抗这一盛行偏见的所有力量，以及失去用来恢复其平衡的所有力量。也许正是在这里，我们发现了古代国家宪法变更如此频繁的原因。每一部新宪法都对国民性施加了不适当的影响，而这种国民性一旦发展起来，就会反过来退化，因此就必定需要又一部新宪法。

最后，即使我们承认国民教育可以成功地实现其所有目

【*】"相反，在一个秩序井然的社会中，一切都要求人们培养他们的天赋才能；不加干涉，教育才是好的；越是将更多的工作留给教师行当，越是让学生们竞相模仿，教育就会越好。"（米拉波：《论公共教育》，第11页。）

的，它也做得太多了。因为为了维护它想要的安全，根本没有必要改造国民道德。但由于我采取这一立场的原因牵涉到国家对道德问题的全部关心，我将它们留到本研究的后面，先转而考察这种关心经常会用到的一些具体措施。这里我只需要从目前的论证得出结论，在我看来，国民教育完全超出了国家作用应予适当限定的范围。【†】

【†】 "因此，这也许是一个问题，即法国立法者是否应该着手公共教育，而不是只保护它的进步；最有利于人的自我发展的宪法，以及最适合把每个人放到他自己位置上的法律，是否就是人民必须期望从他们那里得到的唯一教育。"（米拉波：《论公共教育》，第11页）"根据这一点，严格的原则似乎要求国民议会处理教育问题，不过只是为了将其从权力机关或可能削弱其影响的机构中剥离开来。"（同上，第12页）

第七章【1】

/////////

宗教

【1】 这一章几乎完全重复了洪堡早期的文章《论宗教》（1789年），只是对国家
干预更加敌视。它讨论的问题已经成为一个公共的问题，腓特烈·威廉在
1788年颁布的最新法律宣布路德教为国教，并威胁要惩罚那些不服从的人。

- 从历史角度看国家利用宗教的方式
- 国家对宗教的每一次干预都会导致对某些观点的支持、对其他观点的排斥，以及对公民某种程度的引导
- 关于宗教对人的思想和性格的影响的一般看法
- 宗教与道德并非密不可分，因为——
  - 所有宗教的起源都是完全主观的；
  - 宗教性和完全没有宗教性可能对道德产生同样有益的后果；
  - 道德原则完全独立于宗教；
  - 所有宗教的效果完全取决于个体的人的特殊性情；
  - 因此，对道德起作用的不是宗教体系的内容，而是它被人内心接受的形式
- 将这些考虑因素应用于当前的研究，并探讨这样一个问题：国家是否应该利用宗教作为作用手段？
- 国家对宗教的一切促进都只是产生最合法的行为
- 但这种成功对国家来说是不够的，国家应使公民服从法律，而不仅仅是使他们的行为符合法律
- 这本身也是不确定的，甚至是不可能的，至少通过其他途径更好地实现
- 此外，这种方法也会带来极大的弊端，仅这些弊端就足以禁止使用这种方法
- 这是对一个反对意见的合理回答，这个反对意见是基于几个阶层的人缺乏文化而可能提出的
- 最后，在最高和最普遍的根据上，国家根本无由进入真正影响道德的唯一渠道，即宗教观念被人内心接受的形式
- 因此，与宗教有关的一切都不在国家的作用范围之内

除了对青年人进行真正的教育之外，还有另一种重要方法
可以影响国民的性格和道德，国家通过这种方法教育成年人，
在其一生中伴随着他们的行为和思维方式，并给予他们这样那
样的方向，或至少设法使他们免受这种或那种歧途的影响，这
个方法就是宗教。

历史告诉我们，所有国家都使用了这种手段，尽管其意图
和程度各不相同。在古代，它与国家宪法完全交织在一起，事
实上，它是国家的指导原则和重要支柱；因此我对古代类似机
构所说的话，同样适用于宗教。当基督教取代各民族早期的地
方神灵，教人们相信一个普遍的上帝，从而打破了把人类不同
部落相互隔离开来的一个最危险障碍；当它因此成功地奠定了
所有真正的人类美德，即人类发展和合作的基础（没有它们，
启蒙，甚至科学和知识将长期，也许永远，就仍是少数人的
稀有财产），它也就直接导致国家宪法和宗教之间的纽带变得
松散了。但是后来，蛮族的入侵驱逐了启蒙，对这一宗教的误
解激发了盲目和不宽容的激情，强迫别人皈依；与此同时，国
家的政治形式发生了变化，公民变成了臣民，而且与其说是国
家的臣民，不如说是神授君权者的臣民——对宗教及其保持和
扩展的关心，留给了那些自认得到上帝亲自托付的君王们的良
心。在我们这个时代，这种偏见已经不再盛行；但是，通过法

律和国家机构促进宗教的想法依旧不减其迫切，这样做是出于内部安全以及作为其最坚固堡垒的道德的考虑。我相信，这是宗教史上国家作用最突出的时代，尽管我并不准备否认，上述所有这些考虑（尤其是道德考虑）一直都在普遍发挥作用，但在任何时代，无疑总有一个会占上风。

　　在试图通过宗教思想影响道德时，必须将促进某一特定宗教传播与促进一般宗教精神区分开来。前者无疑更具压迫性和危害性；但是，没有它，后者也几乎是不可能的。因为一旦国家相信道德和宗教不可分割地联系在一起，并认为它可以利用这种作用手段，它几乎不可能不在众多宗教中优先保护其中一种，根据其符合真正的或普遍接受的道德观念。即使它完全避免了这一点，并平等地作为所有宗教派别的保护者和捍卫者，它也只能通过外部表达来判断，因此必定间接支持了这些派别的信仰，压制了其他可能的具体信仰；无论如何，它至少表现出对某一种意见的关心，只要它力图让信仰上帝的作用成为主流。此外，显然，由于所有表述都模糊不清，使它们能够用同一个笼统的词表达众多不同的想法，国家本身必须对宗教精神这一术语做出某种明确的解释，然后才能以任何方式将其作为明确的行为规则来适用。因此，我完全否定国家干预宗教事务的可行性，它不应该或多或少地鼓励某种特殊的宗教意见，也不能因此就不开放反对这种特定宗教的争辩。同时，我也认为不存在任何一种不会对个人自由构成限制的干预，至少它们会在某种意义上有所引导。因为，无论一种影响与强制有多么大的不同——比如劝诫，或者仅仅是创造机会——它毕竟存在，甚至在最后一种情况下（正如我们已经在几个类似机构的情形中尝试更充分证明的那样），国家观点总是占了一定的优势，就是这种优势压制和削弱了自由。

我认为有必要提出几点预先的看法，以备应对一个反对意见，它是随着我的研究进展可能会招致的，即认为，关于国家支持宗教事务的后果，我在提出看法时仅仅局限于讨论对某种特定宗教的鼓励，而把对一般宗教精神的关心排除在外了；此外我希望通过这种预先说明的方式，避免使我的研究支离破碎，过于关注对个别事例的细小审查。

所有的宗教都基于灵魂的需要。显然，我在这里说的是与道德和幸福相关联、因而不免卷入感情因素的宗教；而不是理性能够认知或者想象它能够认知的宗教真理，因为真理的认知不受意志或欲望的任何影响；也不是可以坐实任何特定信仰的启示，因为即使是历史的信仰也应该排除所有此类影响。我们怀抱希望，我们感到畏惧，是因为我们有所欲望。不管什么地方，如果没有精神文化的迹象，那么这种需要就是纯粹感性的。对外部自然现象的恐惧和希望，通过想象转化为人格化的存在，构成了宗教的全部。但是当文化的曙光照亮精神的时候，这就不再足以令人满意了。于是，灵魂渴望完美的启示，通过这个启示，心灵的火花自己闪烁起来，并直觉到自身之外有一种远为更高的存在。这最初的直觉慢慢地变成惊奇；人想象自己与这种更高的存在有某种联系，于是惊奇变成爱，从爱中生出一种渴望，要把自己同化到这种完美的外在表现中去。这种宗教思想的发展甚至适用于处于最低文明水平的民族；因为正是源自这种方式，即使在最原始的部落中，人民的头领也被人相信出身于神，并且注定死后回归于神。只不过实际的神性概念五花八门，因为每一个特定时代和特定民族都有着不同的关于何谓完美的盛行概念。希腊和罗马远古时代的神，以及我们最早的祖先所崇拜的神，仅仅是身体力量和技能的理想化。随着感性美的概念出现并逐渐变得精致化，人格化的感性美就被提升到神的宝座上；因此就出现了宗教，我们可以称之为艺术的宗教。当人们从感性上升到纯粹的精神，从美上升到善和真，所有智性和道德的完美之和就成为崇拜的对象，宗教也成为哲学的领地。[2] 不同宗教的价值也许就可以根据这种上升的尺度来衡量，如果宗教的突出特征只是源于其所属民族和宗派，而不是源自个体的人的本性的话。但是实际上，宗教完全是主观的，完全取决于每个人对它的独特观念。

当神圣观念是真正的精神文化的果实时，它对个人内在完美的反作用是同时的善和美。当所有的事物都被认为是天意的创造，而不是毫无意义的偶然的作品时，它们在我们眼中就呈现出了一种新的形式和意义。当我们发现周围到处都是智慧、秩序和目的的观念时，它们就会在我们的灵魂中深深扎根，这

【2】 德文里的 Vollkommenheit（perfection），也可以翻译为 completeness。（中文版一律译为"完美"）

些观念是我们自身行动，甚至智识教养所必需的。当我们想到万物的顶端有一个伟大的规范之原，并视精神之物为永恒时，那么，有限之物就变成了无限的，可朽的变成持久的，转瞬即逝的变成牢固稳定的，错综复杂的变成简单明了的。当我们能够相信一个同时是所有真理之源和所有完美之和的存在时，我们对真理的探索，对完美的追求，就会获得更大的确定性和一致性。当灵魂学会如何将希望和信心与厄运联系起来时，它对命运的无常就变得不那么敏感了。当我们感觉到我们所拥有的一切都是从爱的手中接受过来的，这既有助于提升我们的美德，又有助于增进我们的幸福。通过对享受的感激之情，通过在渴望欢乐时所寄予的信任，灵魂从自身中超拔出来，不再总是戒慎孤立，苦苦思索自己的感觉、计划、希望和恐惧。即使他失去了把一切都归功于自己的高高在上的感觉，他仍然陶醉于活在对另一种事物的爱的狂喜中，一种将自己的完美与另一事物的完美相结合的感觉。他变得倾向于像别人对待他一样对待别人；他不希望任何人向他索取，同时他也不向其他任何人索取。我在这里只触及这个问题最突出的特点；在加尔弗[3]的精彩阐述之后，要想让这个问题的探讨更加详尽，既没用又显得冒昧。

57

【3】 克里斯蒂安·加尔弗（Christian Garve）:《关于西塞罗〈论义务〉第二卷的哲学注释和论文》（布雷斯劳，1783年），第23页［L］。加尔弗是亚当·弗格森的第一位德语译者。他是一个唯心主义的形而上学家和开明专制的辩护者。

但是，尽管宗教观念的影响与道德完善的过程无疑是协调配合的，但同样可以肯定的是，它们之间并没有不可分割的联系。[4] 单纯道德完善的概念就是伟大、充实和崇高的，不需要其他的名目或形式；而任何宗教都或多或少地建立在人格化的基础上，以某种吸引感官的形态、某种将神拟人化的方式来表现自己。即使一个人不习惯把所有的道德卓越加总为一个绝对理想，也不习惯于想象自己与这种理想化的存在相关联，完美的观念仍然会出现在他面前，这将是他行动的动力，也是他所有幸福的源泉。经验使他坚信能够将自己的灵魂提升到更高的道德完善程度，他会以勇敢的热情努力达到他设定的目标。当他虚妄的想象不再认为自己的不存在就是虚无时，毁灭的想法将不再使他惊慌。对外在命运的永远依赖不再使他气馁：他对外在的享受和匮乏无所萦心，他只关注纯粹的智性和道德；命运的无常不会扰乱他灵魂平静的内心生活。他的精神完美自足，他的思想丰富多彩，他意识到自己内在的力量，由此，他感到自己超脱于万物流变之上。于是，当他回顾过去，一步一步追溯自己的历程：他是如何时而以这种方式时而以那种方式利用环境；他是如何逐渐变成现在的样子；他看到原因和结果、目的和手段在他自己身上结合，充满了有限生命所能拥有的最高贵的骄傲；他高喊道：

【4】 这是洪堡的文章《论宗教》的基本论点。

神圣而炽烈的心啊，

难道不是你自己完成了这一切？[5]

　　于是，所有关于生命的孤独、无助、缺乏保护、无以慰藉等等想法，统统都消失了；据信这些想法大多数为这样的人所具有，在他们的头脑中，有限存在之链没有一个人格化的、有秩序的、理性的原因。此外，这种自我感情，这种只在自身之中并通过自身而存在的感情，并不会使人的道德变得冷酷和麻木不仁，也不会使他的心远离同情和慈悲。正是这种完美的理念，成为他的行动的目的，它不仅仅是理性的冷静抽象，而且是心中一种温暖的感情，正是这种感情把他自己的存在引向了他人的存在。因为在他人身上也存在着同样的追求更趋完美的能力，这种能力是他可以去激发或增进的。只要他仍满足于孤立地看待自己和他人，只要在他的头脑中，所有的精神存在还没有把分散于个体之中的完美汇聚成一个完整的整体，他就尚未被最高的道德理念所充满。也许在他看来，他人的命运和他自己的命运越是仅仅取决于自身，他同他们的联合就越要亲密，他对他们的同情就越是热烈。

　　如果有人也许不无道理地反对这番描绘，认为要实现它超出了人类心灵和性格的正常能力，那他最好不要忘了，这对宗教感情来说同样如此，如果要使宗教感情成为人的性格基础，

──────────

【5】 歌德：《普罗米修斯》，第二节，第63行。

造就真正美好的人生，既要远离冷漠又要远离狂热的话。此外，假如我是特别要求促成刚才所描绘的和谐画面，这种反对意见才是有效的。但是，事实上，我唯一的目的是表明，道德，即使是作为人类最高的结果，也完全不依赖于宗教，或者总的说来不一定与宗教相关，就此来说，我也为消除哪怕最微弱的不宽容阴影，以及促进我们应该永远抱有的对同胞个体思想和感情的尊重，贡献了一点想法。为了进一步证明这种观念，我可以再从另一面做一番描绘，表明最强烈的宗教感情，正如它的最彻底的对立面一样，是怎样易于产生有害的影响。但是流连于这种令人不快的画面是痛苦的，历史已经提供了足够的例子。来看一看道德本身的性质，看一看宗教体系、宗教感情与人类感性能力的关系，倒可能会提供更多的证据支持我们提倡的原则。

可见，无论是将道德规定为义务，还是道德命令的强制执行，还是让它属意于意志，这些统统不依赖于宗教观念。这里我不准备再细说这种依赖甚至会损害道德意志的纯洁性。[6]在一种源自经验又应用于经验的推理中得出的原则，譬如眼下，人们也许认为它并不会充分有效。但是，使某种行动成为一项义务的品质，部分来自人类灵魂的本性，部分来自它们在人际关系中的具体应用；而且，即便可以肯定这些品质是宗教感情

【6】 洪堡这里似乎指的是康德主义，即只有完全无私的行为才属于此类道德行为。

特别属意的，但宗教感情既不是打动人心的唯一媒介，也不是可以适用于各种性格的手段。相反，宗教的作用完全取决于个人的性情，并且严格说来是主观的。[7] 如果一个人的性格是冷静的，并且本质上是反思的，在他身上认识从来不是感性的，那么，对他来说，清楚地看到事实和行动之间的联系，就足以让他相应地改变自己的意志，不需要宗教动机来引导他去做符合美德的行动，就这样的性格之所能是而言，它必将是符合美德的。但是对于感性能力十分强烈、所有想法都迅速融入感情的人来说，情况则完全不同。即使在这里，细微差别也是无穷无尽的。例如，当灵魂感觉到一股强烈的冲动，要突破自身、谋求与他人建立联合时，宗教思想将是一个有力的推动。但是，也有一些性格是另一种样子，在他们身上所有感情和思想之间有着密切的关系，并且理智与情感皆是如此深刻，因此拥有坚强和自主，这种坚强和自主既不需要也不允许将整个自我屈从一个外来存在、信赖一种外来力量，而宗教的影响恰恰是借助这种屈从和信赖来实现的。甚至对于不同的性格来说，将他们拉回到宗教观念所需的情境也是不同的：对于一种人来说，任何一种强烈的情感，无论快乐还是悲伤，都足够了；而对于另一种人来说，则仅仅是从享受中流露出的愉快的感激之情。后面这种性格不该得到最低评价。一方面，他们足够强大，不会

60

【7】 J. S.穆勒："不同的人也需要不同的条件以成就其精神发展。"（《论自由》，剑桥版，第68页；多伦多版，第270页）

在不幸中寻求外部帮助，而另一方面，他们对被爱的感觉过于敏锐，不会将享受的想法与一个爱的施恩者的概念联系在一起。此外，对宗教观念的渴望往往有一个更高尚、更纯粹，也可以说是更理智的来源。无论人在他周围的世界里看到什么，他只能通过感官媒介来感知；事物的纯粹本质在任何地方都不会立即向他显现；恰恰是最强烈地唤起他的爱，最强有力地攫住他本性的东西，被厚厚的面纱所笼罩着。有些人终其一生都在力争穿透这层面纱，他的全部乐趣在于在符号之谜中感知真理，并希望在余生中的某个时期突然有所洞见。于是，在奇妙而美丽的和谐中，精神不懈地探索，心灵渴望对创造性存在的直接观照，当概念的贫乏不足以表达思维力量的深刻，感官和幻想的模糊图像不足以表达感情的温暖之时，信仰就会立即追随理性的特殊本能，扩展每一个概念，直至超越一切障碍，达到理想本身。于是，信仰遵循这样一种存在观念，这种存在囊括了所有其他存在，它无需任何中介而纯粹地存在着、直观着和创造着。不过，许多时候，更为审慎的头脑会将信仰限制在经验领域之内：诚然，情感经常满足于这种通常被认为是理性所特有的理念，但是，它们发现了一种更令人愉快的魅力，试图将人的感官和精神性质更紧密地交织在一起，并且将自身限制于此岸，赋予这个存在符号更为丰富的意义，赋予真理一种更容易理解和更富启发性的象征意义。因此，即便人们失去了满怀希望的醇醉热情，但是也往往得到了补偿，因为他不断意识到，他的努力总会成功，而这种意识不允许他将目光游离向无限遥远之地。步子迈得小一点，确定性就更多一些；他紧紧抓住的理性概念更加清晰一些，尽管少了一点丰富；感性的暗示，尽管不太忠实于真理，却更近于经验，因此对他更有用。总之，在无数多元甚至对立的个体中，没有什么东西比一种智慧的秩序让人的心灵更愿意和盘托出地推崇备至。而且这种钦敬之情在某些人那里远远更加突出；他们更容易拥抱一种信仰，相信宇宙由一个超级存在所创造，由他安排了秩序，并通过明智的监督加以维持。而对其他人来说，个体似乎更为神圣；他们更容易被这一个体观念所吸引，而非向往一个普遍的秩序；因此，更经常和更自然地展现在他们面前的是一条相反的道路；通过这条道路，个体的本质依靠自身资源得到发展，并以相互影响来修正，他自己创造了完美的和谐，只有在这种和谐中，人的心和精神才能找到栖止之所。我绝不敢妄称这些不充分的描述已经穷尽了这个主题，一个如此丰富以至于无法分类仔细探讨的主题。我只不过是想通过一些说明性的例子表明，不仅所有真正的宗教感情，而且任何真正的宗教体系，在最高意义上，都来自人类感觉方式的最内在关联。

可见，独立于感觉和性格的必然差异，居于宗教观念中的是纯粹智性的东西，即意图、秩序、合目的性以及完美的概念。只是需要指出，这里所谈的既不是这些概念本身，也不是它们对人的影响，毫无疑问人不会认为自己完全独立于这些概念；而且，这些概念并不是宗教所独有的。完美的概念，最初源于我们对有生命的自然的印象，然后转移到无生命的自然，一步一步地接近绝对的、无限的总体的概念。但是，既然有生命的自然和无生命的自然都保持着原样，难道不可以迈出前面的步子，却在最后一步之前停下来吗？即使说一切宗教精神都完全基于性格，尤其是感情的多种多样的变化形态，它对道德的影响也绝不会取决于所接受命题的实质内容，而是取决于其特定的接受形式，即取决于信念和信仰的形式。我希望这个一会儿对我有大用处的看法，已经通过这里的论述得到证明。我在这里唯一担心的是可能会被指责，我对整个问题的处理仅仅关注了那些受到自然和环境眷顾，因而是极为罕见并引起我们如此兴趣的一群人。但我希望结果恰恰表明，我远没有忽视社会大众；（如果我显得如此，那是）因为在我看来，只要人性是探究的主题，不从最高的角度出发就是可鄙的。

在对宗教及其影响人类生活的性质做出了这些一般考察之后，我现在回到国家是否可以通过宗教影响公民道德的问题上来，那么立法者为促进道德教化而采取的手段，只有它们有利于人的能力和喜好的内在发展，才可被认为总是适当和有效的。因为一切教化都只能起源于内在的灵魂生活，外部活动只能促进它，而从不能产生它。不可否认，完全建立在思想、感觉和内在信念上的宗教，恰恰是这样一种从内部影响人的本性的手段。为了培养艺术家，我们锻炼他对艺术杰作的眼光；为了滋养他的想象力，我们让他学习古代作品的优美模范；同样，道德的人的培育，要通过对高尚的道德完善的直观来实现，无论是在社会交往的学校中，在有针对性的历史学习中，还是最终在对神明形象最高最理想的完美的观照中。不过，正如我前面已经表明的，关于道德完美的最后这一瞥不是任何一只眼睛能够做得来的，或者更确切点不用比喻来说，这种思想方式并不适合于每一种性格。但是，即使这种方法普遍可行，也只有当它是从一切思想和感觉完美交织的地方产生，或者只有当它是从内在的灵魂生活中展现出来，而不是从外部强加给它时，它才会有效。因此，消除阻碍公民熟悉宗教观念的障碍，[8] 促进自由探索的精神，是立法者唯一可以使用的手段。如果他走得更远，寻求直接促进或指导宗教；[9] 如果他保护某些确定的宗教观念，或者，如果他要求根据权威而不是根据真诚的信念来信仰，那么他就会阻碍精神的向上和灵魂力量的发展；而且，尽管他也可以收获公民的想象力，立时激动起他们的感情，并成功地使他们的行为符合法律，但他永远也不能产生真的美德。因为真正的美德是独立于所有特定宗教信仰的，是与任何权威所要求和相信的宗教不相容的。

63

然而，就算某些宗教原则仅仅鼓励守法行为，这难道不足以使国家有权传播这些原则，哪怕牺牲普遍的思想自由？当国家的法律得到严格遵守，国家的目的就完全实现了；当立法者成功地制定了明智的法律，并看到如何确保公民遵守，他就已

【8】 在洪堡早期的文章《论宗教》中，关于这一点的内容是："通过让公民熟悉宗教观念。"洪堡：《著作集》（F. 莱茨曼编；柏林，1903），第 I 卷，第 70 页。变体是我（译按：这里的"我"指的是本书编者约翰·布罗教授）加的。

【9】 这句在《论宗教》中被省略了，见上引注。

经完成了他的职责。再说了，适才提出的美德概念只适用于政治共同体中的少数阶层，也就是说，他们的地位使他们能够花大把时间和才力致力于自己的内在发展。而国家的关心必须扩大到多数阶层，这些人没有能力达到更高的道德水平。

我不打算重述一遍本文开头尝试阐明的原则，它们实际上已经回答了这一反对意见：国家本身不是目的，而只是实现人性发展的手段；因此，如果立法者不能在维护权威的同时，让权威发挥作用的手段是好的或至少是无害的，那么就是不够的。但是，除此之外，认为对国家来说唯有公民行为及其守法才是重要的，这种想法也是错误的。一个国家既然是如此复杂错综的机器，普遍且至精至简的法律，就不可能独力胜任。大部分工作总是会留给公民自愿协作地完成。为了证明这一点，只需要做一个对比，一个开化和启蒙的民族是富裕繁荣的，而一个野蛮未开化的民族则是穷困匮乏的。正是由于这个原因，所有投身政治事务的人总是被一种愿望所激励，那就是使国家的福祉变成公民直接的个人利益。他们试图把国家变成一台机器，通过其源泉的内在力量保持运转，而不需要不断施加新的外部推力。事实上，如果现代国家可以声称有某种显著优于古代的地方，这主要是因为它们已经更充分明确地实现了这一原则。它们确实做到了，它们使用宗教作为教化手段这一情况本身就是一个证明。但是，即使是宗教，只要它被有意用来只产生良善的行为，通过忠实遵守某些积极的原则，或者对一般道德施加积极的影响，那么它也就成了一种外来的力量，只能从外部发挥作用。因此，立法者的最终目标就始终应该是提高公民的教养，使其意识到国家机构为其个人利益提供了好处，从而在国家的设计中找到一切合作的动力。对人性的真正理解会使立法者相信，只有通过给予最高程度的自由，这一目标才是可以实现的。这种理解，无论如何，意味着启蒙和高度的精神文化，它们永远不会在自由探索的精神受到法律束缚的地方展开。

而只要人们相信，没有确定的、普遍接受的宗教原则，或者至少没有国家对公民宗教信仰的监督，就无法确保外在的和平与道德，没有它们，就不可能维护法律的权威，那么这种干涉的正当性就只好得到承认。但是，以这种方式接受的宗教教条，以及实际上政治机构所宣扬的任何形式的宗教精神，其究竟能发挥什么样的影响，需要更严格和更仔细的审查。诚然，人民中缺乏教养的群体对宗教真理的接受，大多数依靠的是对未来奖惩的想法。但是这些并不能减少不为善的禀性，也不能增强向善的倾向，因此不能改善性格：它们只通过想象力发挥作用，因此其对行为方式的影响，无非就是想象力所能幻想的所有景象；但是这种影响同样会由于想象力的削弱而随之减弱和消除。此外，如果我们记得，即使在最忠实信徒的头脑中，这些期望也是遥远渺茫，因而是不确定的，何况某些宗教思想所鼓励的想法，如事后的忏悔、未来的改过、赦免的希望等等，又使它们丧失了大部分作用，那么，我们将很难想象这样的信条如何能比民事惩罚的观念更能影响行为，因为如果有良好的警察机构在运转，民事惩罚就是切近的和确定的，不会被任何忏悔或事后改过自新的可能性所免除。只要让公民从童年起就熟悉这些惩罚的报复的确定性，并学会追踪道德和不道德行为的后果，我们就不能认为这种直接影响不比其他更渺茫的观念更加有效。

　　但是，另一方面，毫无疑问，即使是不太开明的宗教观念也常常以一种更高尚的方式影响着很大一部分人。成为一个全知全能者的关爱对象，这种想法给了他们新的尊严；对永生的信心引导他们仰望上空，并给他们的行动带来更多的秩序和目的；对仁慈上帝之爱的感情给予他们灵魂相同的性情；总之，宗教使人们充满了对德行之美的感觉。但是宗教要有这样的效果，它必须完全渗透到思想和感情的脉络中，当自由探索的精神受到抑制，一切都由信仰来决定，是不太可能实现这样的效果的；而且，在这里，必须有对更好的感情的潜在感觉；在这里，宗教毋宁说产生于一种尚未发展出来的道德倾向，只不过随后又反过来塑造了这种道德倾向。总的来说，没有人会完全否认宗教对道德的影响；唯一有争议的问题是，这种影响是否仅仅取决于少数的宗教教条，进而，这种影响是否如此明确以至于道德和宗教竟不可分割？我认为，这两个问题都必须予以否定的回答。美德与人的原始禀性如此和谐；爱、和睦和正义的感觉如此甜蜜，无私行为和为他人牺牲的感觉如此令人振奋，在家庭和社会生活中依托这些感觉产生的关系如此有助于人的幸福，以至于不需要为美德行为寻找新的激励，而只需要

66

确保那些已经存在于灵魂中的动力更加自由、更加不受阻碍地发挥作用就够了。

然而，如果我们希望走得更远，试图找到新的道德鼓励手段，千万不要太过片面，以致忘记了权衡这里面的利与弊。不过，在对限制思想自由的有害后果反复说了这么多之后，似乎没有必要再来长篇大论一番了；此外，我已经在本章开头充分阐明了国家积极促进宗教感情所产生的危害。如果这种危害仅仅局限于智识探索的结果，如果它们只导致我们的科学知识的不完整或不准确，那我们倒可以理性地评估这种政策可能带来的好处。但是，事实上，危险要严重得多。自由探索的重要性延伸到我们的整个思维方式，甚至行为方式。一个习惯于自己判断真理和谬误，并习惯听到别人类似讨论而不担心后果的人，比一个在研究中经常受到不属于其研究本身的各种情况影响的人，在行动原则上能够做出更冷静、更前后一致以及出自更高角度的权衡。研究和从自由探索中产生的信念是自主的，而信仰是对某种外部力量、某种外在的道德或智性完美的依赖。因此，在致力于探索研究的思考者身上，有着更多的独立自主和坚定，而在信赖外在力量的信徒身上，则有着更多的软弱和惰性。诚然，在信仰扼杀了一切形式的怀疑，获得了至高无上的主宰地位的地方，也往往能创造出一种不可战胜的勇气和非凡的坚韧精神，正如我们在所有狂热者的故事中所看到的那样；但是，这种毅力从来都是不可欲的，除非某些明确的外部结果需要这样一种类似机器的活动来完成；它完全不适用于需要个人自己做出决定、需要基于理性原则做出深思熟虑的行动的情形，尤其是不适用于追求内在完美的情形。支持这种热情的力量完全依赖于对一切理性活动的抑制。怀疑只会对信仰者造成折磨，而不会对那些追随自己独立研究结果的人造成折磨；因为对后者来说，结果通常不那么重要。在探索过程中，他意识到自己灵魂的活力和力量；他觉得他的真正完美、他的幸福是建立在这种力量之上的；当他怀疑从前被他接受为真理的命题，他不会因此而觉得压抑，而是为自己感到高兴，他不断增长的精神力量使他能够清楚地看到一直未能发现的错误。相反，信仰者只对结果本身感兴趣，因为真理一旦被认识，就没有什么可寻求的了。理性引起的怀疑折磨并压抑着他，因为对他来说，这些怀疑不像在独立思考的头脑里那样是达到真理的新方法，而只是剥夺了他原有的确定性，却没有向他出示任何其他重新取得确定性的方法。继续循着这种启发性的考察，就会引出这样的结论：赋予个别具体结果如此重大的意义，认定那么多其他真理、那么多内在或外在的有益结果必然出自它们，这根本是不对的。这种想法很容易在研究过程中产生僵局；最自由与最具启发性的结论常常与其思想基础相矛盾，而没有这种基础，它们自己就从来不会产生。因此，精神自由有多重要，限制它就有多大危害。

另一方面，国家并不缺乏维护法律和预防犯罪的手段。如果可以尽可能地堵住国家机构本身中不道德行为的根源，加强警察对实际犯罪行为的监督，让惩罚得当，人们就会实现自己的预期目的。我们难道忘记了，精神自由以及只有在它的庇护下才蓬勃发展的启蒙，才是促进安全的最有效手段？如果说所有其他手段都仅限于抑制实际爆发，那么自由和启蒙则直接作用于人的禀性和情操；如果说其他一切只产生外在的整齐划一，那么自由和启蒙则创造了意志和行为之间的内在和谐。此外，我们什么时候才能学会不重视行为的外在结果，而重视行为根源的内在精神脾性呢？人什么时候才能起来像卢梭那样把立法当作教育来做，把我们的注意力从单纯的外在有形结果吸引到人类的内在自我教育上来？不要认为，这种精神自由和启蒙只属于少数人，对大多数人来说，他们的精力被提供生活的物质必需品耗尽了，这样的机会将是无用的，甚至是有害的，影响大众的唯一方法是传播某种确定的信仰，并限制思想自 由。拒绝任何一个人有做人的权利，这种想法本身就贬低了人性。没有任何一个人的文化教养程度低到无可救药，以至于根本不能提高；即使更开明的哲学和宗教观念一时不能进入大部分公民头脑中，即使必须披上不同的衣裳，才能让真理在他们的思想中找到一个位置，乃至不得不诉诸他们的感情和想象力而不是冷静的理性，然而，通过自由和启蒙而扩散的科学知识仍然会逐渐向下波及他们；不受限制的自由探索的有益结果对整个民族的精神和品格的影响，甚至会延伸到最卑微的个体。

这里的推论主要关注的是国家是否应该传播某些特定宗教教义的问题，为了赋予讨论更大的普遍性，我必须重新引入一个原则，即宗教对道德的全部影响更多地（如果不是完全地）取决于宗教在个体的人中存在的形式，而不取决于在他的眼里神圣命题的内容。现在，所有国家机构，正如我先前也尝试表明的那样，都或多或少地只针对这些内容采取行动；而个人接受它们的形式是国家完全没有途径可以触及的。宗教如何在人心中产生以及它如何被接受，完全取决于人的整个生存方式，他的思想和感觉方式。然而，假设国家能够以方便其目的的方式改变这种状况（其不可行性是不可否认的），那么，即使我必须通过重复所有理由证明了，为什么国家不能使人成为服务于其专断目的的工具而忽视他的个人目的，我在阐明我的原则时也必定是非常不幸的。而且既然我已经尝试证明了道德独立于宗教，那么显而易见，绝对没有必要再来哪怕单单证明一个例外，但是，如果我能够表明，维护国家的内部安全根本不需要给一般国民道德规定一个方向，那么我便让这个问题更为清楚了。但是，如果说公民心灵中有某种东西更能够为宗教提供肥沃的土壤，如果有任何东西更能够使宗教——被坚定地信仰并公认为主流的思想和感觉方法的宗教——有益地反作用于道德，那就是自由，但它总是受到国家的干涉，不管这种干涉多么轻微。因为人的发展越是多种多样，越是富于个性，他的感情就越崇高，他的目光就越会从他周围有限的、暂时的东西转向无限和总体的概念，囊括所有的有限之物及一切迁流变化，无论他是否希望找到一个与这个概念相对应的存在。一个人的自由越大，他就越自立，对他人越友好。于是，没有什么比仁慈的爱更直接地将我们引向神性；没有什么比作为自足和自制能力的独立自主，更能证明缺乏对上帝的信仰其实对道德并无害处了。最后，人的力量感越高，力量的任何表现越不受阻碍，他就越愿意寻找某种内在的法则来引导和指引他；因此，他仍然亲附道德，无论这种联系对他来说是对上帝的崇敬和热爱，还是他自我意识的回报。

在我看来，不同之处在于：在宗教问题上完全自主的公民，会根据自己的个性，将宗教情感与自己的内心生活融合在一起，或者不融合；但是无论是哪种情况，他的思想体系都将更加前后一致，他的感觉都更加深刻；他的本性都会更加连贯，都会因道德更高和遵纪守法而更为出众。相反，被各种各样规定所束缚的人，尽管如此，同样会表现出纷歧多样的宗教观念或者无信仰，但无论是哪种情况，他的思想都会更不前后一致，更缺乏感情的深度和真诚，更少性格的和谐，因此会更不尊重道德，更频繁地希望逃避法律。

那么因此，我不必举出任何进一步的理由，就可以得出一个并不新的原则：所有涉及宗教的事务都超出了国家作用的范围；无论是牧师的选择，还是有关宗教仪式的所有问题，都应该由有关社区自主决定，不需要国家的任何特别监督。

第八章【1】

////////////////////

道德改良

【1】 这一章最先发表在《柏林月刊》（1792年11月）。

- 改良道德的可能手段
- 它主要是对感性的限制
- 关于感性对人的影响的一般观察
- 感性感觉的影响，抽象的考察
- 这种影响的差异，根据它们各自不同性质的考察，特别是激发活力的感觉和其他感性感觉的影响的差异
- 通过美和崇高将感性与精神性联系起来
- 感性对探索和智性的影响：创造力和道德力量
- 感性的弊端和危险
- 将这些考察应用于当前的研究，并探讨这样一个问题：国家是否可以试图对道德施加积极影响？
- 每一种这样的尝试都只作用于外部行为，并带来多方面的严重弊端
- 即使是它所禁阻的不道德本身，也不乏有益后果，至少没必要使用一种普遍改变道德的手段
- 因此，这种手段超出了国家作用的限度，这是从本章和前两章中得出的最高原则

国家为改良道德以适应维护安全的最终目的而惯于使用的
最后一种手段，是通过个别的法律和条例来施加影响。但是，
由于这对促进道德以至提高美德来说是一个间接的途径，这种
性质的个别规定就自然只能禁止或限定公民的特定行为，这些
行为有些虽不至于侵犯他人权利但本身就是不道德的，有些则
可能会导致不道德。

一切限制奢侈的法律都在此列。因为，毫无疑问，不道德
的以至非法的行为有一个如此丰富而共通的来源，即灵魂中感
官的过度倾向，或者人的欲望和冲动与其外部地位所能提供的
满足手段之间的普遍不相称。如果节制和适度能让人们满足于
他们被划定的范围，他们就很少会试图侵犯他人的权利，或做
任何可能扰乱他们自己幸福和满足的事情。

既然追求享受是人与人之间所有冲突的根源（而在精神情
感占主导地位的地方，总是可以和谐共处），那么将感官乐趣
限制在适当的范围内，似乎就与国家的真正目的相一致；而且
因为这似乎是最简单易行的方法，所以有人可能会说，国家应
该尽可能地抑制感官享受。

但是，如果我们忠于迄今为止的指导原则，即首先根据人
的真正利益来考量国家可以利用的任何手段，那么就有必要多
研究一下感官享受对人的生活、教育、活动和幸福的影响，只

要它服务于当前的最终目的——这样一种研究，尝试表明人类活动和享受的内在意义，同时更清楚地说明限制和自由一般说来是有害还是有益。只有在这样做了之后，我们才能全面考量国家在道德上采取积极行动的权限，从而解决我们所提问题的这一部分。

直接源于感官的感受、喜好和激情，是人性中首先且最强烈地表现出来的东西。无论哪里，只要这些感官表现保持沉默，而文化的陶冶又尚未给予灵魂的能量一个新的方向，那么全部力量就都是死的，任何善好或伟大也都无从盛开。它们至少要先将充满生机的温暖吹入灵魂，首先让灵魂自己发动起来。它们给灵魂带来生命和活力：当灵魂不知满足时，它们使它活跃，开动脑筋去发明规划，并勇敢地去实行；在心满意足后，它们就促进一种轻松而毫无阻滞的思想游戏。总之，它们以更大更多样的活动活跃起所有的概念和想象，提出新的观点，引向迄今为止未被注意到的方面，这还不算它们随着不同的满足方式对身体和组织的反作用，而身体和组织反过来又以我们只能从结果中观察到的方式作用于灵魂。

不过，它们的影响不仅会随着强度，而且会随着作用方式的不同而不同。这在一定程度上是由于它们的或强或弱；但也部分归因于它们与人性中非感性元素的亲和程度，或者把它们从动物的满足提升到人类的快乐的难易程度。因此，举例来说，眼睛赋予感觉质料一种形式轮廓，让我们感到如此愉悦和富于启发；而耳朵则赋予感觉质料一种与音调相称的时间序列。关于这些感受的不同性质和它们的作用方式，有很多新鲜有趣的东西值得一说，不过这里不是合适的地方，我在这儿只能谈一下它们在灵魂陶冶中的各种益处。

可以说，眼睛为理性提供了一种准备好了的材料；由此，在我们的想象中总是与其他事物相关联着的人的内在存在，就以一种确定的和单一的形态呈现给我们。耳朵仅仅被视为一个感觉器官，就它不能接收文字而言，它所传达的东西并不那么确定。正是由于这个原因，康德在与音乐相比较时优先考虑造型艺术。不过他非常正确地指出，这是以一种衡量标准为前提的，即各种美的艺术给心灵造成的教养，而且我要补充一下，是直接提供的教养。（译按：参见康德《判断力批判》第53节）

然而，问题在于这是不是正确的标准。在我看来，活力是人的第一个也是唯一的美德。把他的活力提高到更高水平，比把用于锻炼活力的材料直接交到他手里，更有价值。不过因为一个人一次只能感知一件事，那么最有效的影响当然就是一次只向他呈现一件事；在一系列（每一个都占有一个度的）连续的感觉中，每一个感觉都受所有先前感觉的影响，并作用于所有后续感觉；在每一单个感觉中，其各组成部分也处于一种类似的比例关系。这一切正是音乐的情形。而且，时间序列是音乐特有的本质属性；音乐里只有这个时间序列是明白确定的。但它所呈现的这个序列几乎不需要我们有任何明确的感觉。它给出一个主题，人们可以就此做出无数的文章；只要听众一般说来处于一种与体裁相配的相同情绪中，聆听者心灵托起音乐的东西就自由自在地源源不断从自身涌现出来，因此无疑比被动接受更温暖地拥抱着它，从而更全身心地理解，而不仅仅是感觉到它。在这里，认真地去考察音乐及其性质对我来说意义不大，所以我略去不谈音乐的其他特点和优胜之处，例如，它从自然对象中唤起音调，因而比绘画、雕塑或诗歌更接近自然，等等；我只是希望以它为例更清楚地说明感官感受的不同特征。

适才所描述的作用方式并非音乐所独有。康德注意到混合颜色的变化模式也可能是这样作用的，[2] 而我们通过触觉所感觉的则更是如此。即使在味觉上这也是明确无误的。味觉上的满足感也会逐级增加，只是这种快感渴望释放，既释之后，则在逐渐减弱的回味中消失。在这方面可能最不明显的是嗅觉。因为感觉的过程，它的程度，它的交替起伏，它的纯粹和完全的和谐，是真正更有吸引力的，比感觉材料本身更能吸引人，所以我们忘记了正是感觉材料主要决定了整个序列的进展，更决定了整个过程的和谐；而且，正因为敏于感觉的人——就像盛开的春天的形象——恰恰是最有趣的景观，所以，人在一切美术作品中寻找他的感觉的可视形象，胜过寻找其他任何东西。绘画，乃至雕塑，就是这样得以成就的。圭多·雷尼所作圣母的眼睛仿佛不会仅仅停留在转瞬的一瞥，[3] 贝佳斯击剑手紧绷的

_____

【2】 这里指的是康德的《判断力批判》。

【3】 《圣母升天图》，后收藏在杜塞尔多夫画廊。它曾受到洪堡的朋友格奥尔格·福斯特的赞赏。[L]

肌肉则预示着他准备出击。[4]诗歌在更高的程度上使用这一手段。这里我不打算真格来谈一下美术的等级，只是添加以下一点内容，以使我的想法更清楚。美术以两种方式发挥作用，虽然这两种方式总是交相利用，但它们的结合方式迥然有别。作品或是直接抒发思想，或是刺激感觉；它们调谐灵魂，如果其表达不至太过不自然，那么还会进一步丰富和增强它的力量。一个作用越是借助另一个作用，它就越是削弱自己特有的力量。诗歌在最高程度上把两者结合在一起，因此，在这方面，它是所有艺术中最完美的；但是如果我们从另一面看，它也是最弱的。它对对象的表现没有绘画和雕塑生动，也并不像歌唱和音乐那样强有力地穿透感官。但是，我们大可忽略这种缺陷，且不说它特有的那种多面性，还因为诗歌最接近真正的内在的人，在思想和感觉之上覆以轻妙的面纱。

充满活力的感官感受（我这里之所以谈论艺术就是为了说明感官作用）反过来又会产生不同的效果；或者是因为它们的过程真正具有和谐的比例，或者是因为构成它们的质料似乎牢牢地抓住了灵魂。因此，同样合律和优美的人声比没有生命的乐器更能感染人。因为没有什么比我们自身的身体感觉更为切近的了；当这种感觉发挥作用时，产生的效果是最大的。但是正如质料的不成比例的力量压制了精致的形式，这里也常常会

74

【4】 贝佳斯武士是公元三世纪的雕刻作品，现藏于卢浮宫。（感谢安德鲁·马丁戴尔先生提供信息。）

发生这种情况；因此两者之间必须有一个正确的比例。只要有这种不均衡，就可以通过加强一个或削弱另一个来恢复适当的平衡。但是通过削弱什么来培养任何东西总是不对的，除非被削去的力量不是自然而是人为的。在不存在这种情况的地方，就不应该施加任何限制。与其延缓它的消亡，不如让它自我毁灭。但是，够了。我希望我已经充分解释了我的想法，尽管我愿意借此机会承认这一研究中的尴尬处境：一方面，是对这个话题的兴趣，以及不可能从其他著作家那里借用必要的结论（因为我知道没有人从我现在的观点出发），导致我扩大了主题；另一方面，这些考察严格来说不属于这个问题，而仅仅是连带的，这种想法迫使我回到正题。我必须为接下来的行文请求同样的谅解。

到目前为止——尽管不可能完全分开——我确实一直把感性感觉说成是仅仅感官感受。但是感性之物和非感性之物通过一种神秘的纽带联系在一起，这种纽带尽管我们看不到，但可以被我们的感觉所感知。归功于这种可见世界和不可见世界的双重性质，以及对后者的深切渴望和对前者甜蜜的不可或缺的感觉，我们有了所有真正源自人的本质的逻辑一致的哲学体系，正如从同一个源头也产生了最愚蠢的狂热一样。[5]

【5】 洪堡习惯性地使用十八世纪贬义中的Schwärmerei（enthusiasm，热情）来表示非理性的狂热。在我们可能谈到enthusiasm（热情）的地方，洪堡总是用Kräfte（powers or energies，力量或活力），尽管洪堡似乎也打算以此字眼来暗示宇宙的创造性能量的概念。

不断努力寻求二者的结合，以便每一个都尽可能不去剥夺另一个，在我看来一直是人类智慧的真正目标。这种审美感觉无处不在，正是因为有了它，感性对我们来说成了精神的面纱，精神则是感性世界的生气勃勃的原则。对大自然这个显隐之术（Physiognomik，通译观相术）的不断研究造就了真正的人。因为没有什么东西比我们周围所有自然和艺术作品所表现出来的崇高、纯朴和美，即感性之物表现出来的精神内涵，更能对人的整个性格产生如此广泛的影响。在这里，我们还可以发现激发活力的感性感觉和其他感性感觉的明显差异。如果我们所有人类努力的最终目标仅仅是发现、滋养和再造唯一真正存在于我们自己和他人身上的东西（尽管它的原始形式永远不可见）；如果唯有这种东西，正是对它的直觉向往都使它的每个象征变得宝贵和神圣；那么，只要我们能一瞥它的永远生气勃勃的活力形象，就是向它迈近了一步。与它对话时，我们用一种艰涩且往往不可解的语言，但这也常常是对真理有着最确定预知的令人惊讶的语言，这时，形态，即这个活力的形象，则离真理更远些。

75

在这片土地（即使说不上唯一也得说是顶优的一片土地）上，美，尤其是崇高，盛开绽放，而美和崇高又使人更加接近神性。对一个对象的更纯粹的满足感的需要，摒弃一切目的，也不要求任何概念，仿佛证明了人源于这个不可见世界并与它有着亲和性；在这个超验对象面前感到完全配不上的那种感觉，以最人性和神性的方式，融合了无限的伟大和虔诚的谦逊。如果没有对美的感觉，人类将不再为了事物本身而热爱它们；如果没有崇高，人类会失去顺从的感觉，那种蔑视奖赏、不知低贱的恐惧为何物的感觉。对美的研究，保证了鉴赏的品味；对崇高的研究（如果崇高也可以研究，并且对它的感觉和表现并不仅仅是天才的果实的话），带来经过正确平衡的伟大。但是只有鉴赏力才能将一个完美协调的存在的所有音调合成迷人的和谐，这个鉴赏力必须始终立足于伟大，因为只有伟大才需要适度，只有强力才需要节制。有了鉴赏力，某种适度、节制、集中在一点的东西，就被引入我们所有的感受和喜好中，甚至被引入那些纯粹精神上的感受和喜好中。在缺乏鉴赏力的地方，感官欲望就是粗鲁而无节制的；没有鉴赏力，科学探索尽管可能既敏锐又深入，但却既不文雅也无光彩，在应用中也没有结果。总之，没有鉴赏力，精神的深邃和知识的宝藏必是贫瘠的和了无生气的，甚至道德意志本身的崇高和力量也必是阴冷生硬的，缺乏祝福的温暖。

所有人类活动都围绕探索与创造展开，至少或间接或直接与之相关。探索研究，如果要触及事物的根源或理性的极限，则除了精神的深度之外，还需要精神的丰富多样和内在温暖，以及人的各种能力的联合运用。也许只有纯分析型哲学家能够通过冷静甚至冷酷的理性过程得出自己的结论。但是，单单是为了发现联合综合命题的纽带，真正的思想深度，以及懂得如何把其所有力量都发挥至同等强度的头脑，都是必不可少的。[6]因此，康德的（说真的）从未被超越过的深刻，仍然经常会被指责为道德和审美上的狂热，[7]就像它已经被指责的那样，并且如果我承认我自己也觉得有极少数几个段落似乎引向了这种责难（例如，《判断力批判》中对彩虹颜色的解释），[8]那么我也只会怪自己缺乏智力深度。如果循着这些想法继续前进，自然会将我们引向一项极端困难然而也相当有趣的研究：形而上学家和诗人在精神养成上的根本区别；即使彻底的重新考察也许并不会颠覆我迄今为止的思考结果，我也要将这个差别仅仅限制在一个事实上，即哲学家只关心认知（Perzeption），而诗人相反只关心感觉（Sensation）；而两者需要同等程度的精神力量和这种力量的培养。不过要证明这一点会使我离题太远，大大偏离我现在的最终目标，我希望，通过上面给出的几个理由，已经充分证明，即使是为了培养最冷静的思考者，感官和想象力的享受也往往要陪伴在灵魂周围。但是，如果从先验研究转向心理学研究，如实表现的人就成为我们研究的对象，那么一个人怎么会不去最深入地探索这个形象丰富的物种，并最真实最生动地描绘它呢？甚至对人类的感觉本身来说，其中有些少

77

【6】 综合命题是康德的术语，指断言事实的命题，有别于纯粹逻辑的分析命题。
【7】 康德在《柏林月刊》出版人尼古拉等人的圈子里就受到过这样的批评。[L]
【8】 康德《判断力批判》（第二版，柏林，1793年），第172页。康德称光在颜色上的变化是自然对我们说的一种语言，其似乎有更深的意义。"因此，百合的白色似乎使人倾向于纯洁无辜的想法，从红色到紫色的其他颜色，则表示：1. 倾向崇高的思想；2. 勇气；3. 真诚；4. 善良；5. 谦逊；6. 坚定；7. 温柔。"[L]

数形象都是它所陌生的。因此，一个人可以表现出最高的美，只要他受过教育并进入实际生活，使自己所吸收的东西成为新的创造，在无论内部还是外部都富有成果。塑造自然的法则和智力创造的法则之间的相似性，已经被一个真正天才无限的头脑所观察到，并通过恰切的评论所证明。[*]本来他的论证还可以更有趣，倘若不是研究无法说明的胚胎形成规律，而是更详尽地表明智力创造原为身体所能产生的更精致的花朵，而心理学也会因之得到更丰富的指导。

在道德生活中，我们也先来谈一下什么才是仅仅冷静理性的工作；只有崇高的理念才能使我们遵守绝对的、无条件的法则，或是通过感觉的中介按照人的方式，或是完全不计幸福与不幸而按照神的无私方式。人在道德法则面前产生出一种不配感，深深意识到，最有德行的人乃是最由衷地觉得这种法则是多么高悬而不可企及的人，这种感觉激发了敬畏———一种不再需用身体躯壳包裹起来的感觉，它不再担心耀眼的光芒会眩晕凡人的眼睛。现在，当道德法则迫使我们把每个人都看作他自己的目的时，它就与那种对美的感觉结合在一起了，美感乐于把生命的气息吹入每一粒微尘，为在它身上看到自己的存在而高兴，这种美感不依赖概念，不局限于概念所能理解的、割裂开来的因而各自孤立的少量单调特征，所以更完整、更美好地

【 * 】 F. 冯·达尔贝格（F. v. Dalberg）:《塑造与发明》（ *Vom Bilden und Erfinden* ）。[9]

　　【9】 正确的标题是《发明与塑造》（ *Vom Erfinden und Bilden*, 1791 ）。本书试图在美学理论中结合康德思想和有机概念。

接纳和拥抱了人。

与美感的结合似乎会损害道德意志的纯粹性，如果这种感觉成为道德的唯一动机，它可能会，而且确实会产生这种效果。但它只是说有责任去发现道德法则的更多样的应用，以便摆脱那种冰冷因而粗劣的理性过程；既然我们没有被禁止在与美德的密切连接中接受幸福，也不是非得用美德交换幸福，那么它就可以享受许给人的最甜蜜感情的权利。总之，我对这个问题思考得越多，就越觉得我提到的这种区别绝不是微不足道的，也绝不可能是幻想的。无论人们多么急切地想抓住享受，无论他如何喜欢思考幸福和美德的永远结合，即使在最不利的情况下，他的灵魂也仍然能感受到道德法则的伟大。道德法则的伟大凭借其强力迫使他行动，他无法将自己隔绝在这种强力之外，而且正是被这种感觉所浸透，才让他不计快乐地去行动；因为他从来没有失去这样一种意识，即任何不幸都不能迫使他改弦易辙。

然而，确实灵魂只能以类似于我前面所说的方式获得这种力量，即只有通过强大的内在压力和复杂多样的外部纷争。但是所有的力量都源于人的感性；不管看起来多么遥远，但总是要依赖于它。若是一个人不断谋求增强他的力量，并通过频繁的享受恢复活力；经常调动性格力量帮助他维护感性享受的独立，同时试图将这种独立性与最高度的易感性结合起来；他诚实而深邃的智慧孜孜不倦地寻找真理；他中正而细腻的美感注意到每一种不易察觉的迷人形式；他的欲望吸收从外部感知的东西，并使它们结出新的果实；他把自己的个性注入一切形式的美中，让每一种美都分享他的本质，力求造出新的美来；这样的人就培养了一种满足意识，意识到自己正走在接近理想的正确道路上，哪怕是人类最大胆的想象所勾勒的理想。

在这篇简短的勾勒中，我尝试表明，感性享受及其所有有益的结果是如何与整个人类生活和追求交织在一起的。虽然这样一个主题本身对一篇政治论文来说有点陌生，不过根据本项研究所采取的理念顺序，它是适当的，甚至是必要的；通过这些关于感性享受的评论，我意在为它赢得更大的自由和尊重。但是，我自然不会忘记感官乐趣也是无数身体和道德邪恶的根源。即使在道德上讲，它也只有在与精神能力的行使保持恰当的关系时才是有益的；它很容易让害处占优势。一旦平衡被破坏，人类的快乐就堕落为纯粹动物性的满足，鉴赏品味消失，或者扭曲到非自然的方向。不过对于后一种提法，特别是关于某些片面的判断，我不得不再说一句，"非自然的"并非必须意指未满足碰巧这种或那种自然目的，而是指阻碍人类普遍的最终目的。那么这个目的就是，使人的本质发展到更高的完善程度，特别是他的思维能力和感觉能力应该一直以正确的比例不可分割地结合在一起。但是此外，在人类发展力量和表现力量的方式，与外部境况供他活动和享受的手段之间，可能会出现不相称，这种不相称是弊害的新来源。然而，根据前述原则，国家不得根据积极的最终目的对公民的境况采取行动。因此，就不会为外部境况打上这种指定的强制形式的烙印，而更大的自由则保证了公民主要根据自己的思维和行动方式去改变境遇，从而减少这种不相称的情况。然而，始终存在确实并非无关紧要的危险，这个事实可能会引发这样的想法，即有必要通过法律和国家机构反对道德腐败。

但是，即使这样的法律和机构真的有效，其危害性也只会随着有效程度而增加。一个国家，其公民被这样的手段强迫或诱使服从哪怕是最好的法律，它也许是一个安宁、爱好和平、繁荣的国家；但在我看来，这永远是被豢养的奴隶之群，而不是一个自由人的联合体，自由的人只有在他们逾越法律的界限时才会被限制。当然，有很多方法可以促成特定的行动和情操，但这些没有一个带来真正的道德完善。发起某些行动的感性动力，或者克制它们的必要性，会渐渐地形成一种习惯；通过习惯，最初与这些动力连在一起的愉悦就转移到了行动本身，起初只是出于必需而抑制的喜好则被完全窒息；这样，人就被引导到符合美德的行动，在一定程度上有了符合美德的情操。但是他的灵魂的力量并没有因此而增加；他关于自身使命和价值的观念没有得到更多的启迪，也没有意志的力量来克服支配性的欲念；因此，他并未获得真正内在的完美。因此，谁要是想教育人，而不是为了外在目的去牵引他，就永远不会利用这种不适当的手段。因为，即使不说强制和引导永远不能成功产生美德，它们也还会削弱活力；而没有了美德和真正的道德力量，外在的习俗伦常又算得了什么呢？此外，无论邪恶的不道德行为有多严重，它也并非没有有益的后果。通过极端，人们必会走上智慧和美德的中间道路。极端，就像远处的一颗大星，其光芒也必定照得辽远。为了给身体最细的血管供血，大血管中必须有相当数量的血液。希望在这上面打扰自然秩序，其实就是为了防止身体的恶而默认导致道德的恶。

然而，在我看来，认为道德腐败的危险如此之大、如此紧迫也是不对的；我前面说的很多已经证明了这一点，下述评论可以为这一论断提供更详尽的证明。

1. 人类天生更倾向于仁爱而不是自私的行为。这一点我们甚至从野蛮人的历史中都能看到。家庭美德如此诱人，公民的公共美德如此伟大和鼓舞人心，即使仅仅免于堕落的人也很少能抗拒它们的魅力。（译按：参见亚当·弗格森《文明社会史论》）

2. 自由增强力量，而随着力量一直增强，也就总是带来更多种类的自由。强制窒息了活力，产生了所有自私的欲望和所有花样卑鄙的弱点。胁迫可以阻止很多越轨行为，但是它也剥夺了合法行为的美。自由可能会导致许多不法行为，但它甚至会给罪恶一种不那么可鄙的形式。

3. 听任自我的人很难想到正当的原则，但是这样的原则不可避免地要在他的行为方式中显示出来。被有意引导的人更容易接受这样的原则，但是这不足以抵偿他被削弱的活力。

4. 所有政治安排，因为它们必须把多种多样不一致的利益纳入统一，必然产生各种冲突。从这些冲突中产生了人的欲望和能力之间的不相称，而从这种不相称中又产生不法行为。国家越积极，不法行为数量就越多。如果可以就所有现有案件，准确地计算一下警察机构所造成的危害和它们所防止的危害，那么前者的数量总是会超过后者。

5. 对实际犯下的罪行进行最严格的审查，施加公正、有分寸但不可撤销的惩罚，以及因此罕见有罪不罚，这到底多可行实际上从未被试过。

我现在已经充分表明，根据我的观点，国家反对乃至预防任何道德放纵（只要它还够不上对他人权利的损害）的做法是多么值得怀疑；特别是这种尝试对道德的有益结果是多么少；对国民性格施加这样的影响，对于维护安全来说是多么不必要。

除此之外，还有本文开头所阐述的理由，这些理由不赞成国家为达到积极目的而进行的任何活动，这些理由在这里更加适用，因为正是道德的人对每一种限制都感受最为深切；如果一个人没有忘记，有一种教育的最高最大的美要归功于自由，其正是道德和性格的教育，那么下述原则的正确性就不应该受到任何进一步的怀疑：国家必须完全避免任何直接或间接影响国民道德和品格的企图，除非由于其他绝对必要措施的自然结果，让这样一项政策变得不可避免；一切旨在促进这种意图的东西，尤其是通过对教育、宗教机构、奢侈品等方面法律的一切特别监督，完全不在国家作用的范围之内。

第九章

更准确、更正面地界定国家对安全的关心
——安全观念的进一步展开

- 回顾整个研究过程
- 列举仍然缺乏的东西
- 安全概念的确定
- 定义
- 必须规定前提的安全权利
- 公民个人的权利
- 国家的权利
- 扰乱安全的行为
- 剩余部分的划分

现在，我已经完成了目前研究中最重要和最困难的部分，
而且我接近完全解决所提出的问题，有必要再次回顾一下迄今
为止所取得的进展。首先，国家的关心已经从所有那些不属于
公民安全的对象中去除，无论是外部安全还是内部安全。然后，
正是这种安全被作为国家作用的真正目标提出，最后确立了这
样的原则，即不能为了促进和维护安全，而对国民本身的道德
和品格施加任何影响，使他们屈从于或远离任何特定的方向。
因此，在一定程度上，国家必须保持其作用界限的问题似乎已
经完全解决了，因为这种作用仅限于维持安全；至于可以利用
的手段，则应该有更严格的限制，即不能为了国家的最终目的
而调教或毋宁说畜养国民。尽管这个界定的确仅仅是消极的，
但经过这番圈定，剩下来的东西也足够清楚地显示出来。国家
的作用只允许扩大到对直接侵犯他人权利的行为做出反应，在
发生权利纠纷的时候做出裁决，恢复被侵害的权利并惩罚侵害
者。但是，安全的概念过于宽泛，无法进行更详细的讨论。迄
今为止，关于安全的更翔实的定义，除了防御外侵和制止内争
的安全外，还没有人说过。因为，正如从单纯的说服建议到过
分殷勤的推荐，再到积极的强制，其间的区别不可道以里计；
同样，从虽然在自己的权利范围内但可能对他人有害的行为，
到即使没有僭越权利界限但很容易或总是会干扰他人享用自己

财产的行为，再到真正侵犯别人的财产，其间的不公平和不正当程度也是十分不同的；同理，安全的概念在范围和应用上也十分不同，因为我们既可以把它理解为反对某种特别强制或某种程度的强制的安全，也可以把它理解为反对某种或近或远的明确侵权行为的安全。但恰恰这个程度的区别极其重要；如果它延得太广，或限得太窄，那么尽管名目不同，所有的界限也必会混淆在一起。在没有精确界定的情况下，修正这些界限是不可能的。

然则，必须更精确地讨论和审查国家可以使用或不可以使用的各种手段。因为，尽管我们已经证明了国家对道德改良的任何努力都是不可取的，但是，国家的作用在这里仍然有着太多不确定的余地。例如，国家的限制性法律在多大程度上与那些直接侵犯他人权利的行为相脱节，以及国家可以在多大程度上通过堵住犯罪源头阻止实际犯罪，即阻止犯罪的机会而不是干涉公民的性格，这些问题很少得到讨论。然而，事实已经表明，在这方面犯错误的可能性有多大、有多危险，因为正是对自由的关心已经使一些明智的头脑决定让国家对公民的整个福利负责，相信这样一种全面的安排将促进人类力量畅通无阻的发挥。因此，这些考虑迫使我承认，到目前为止，我除了清理出了明显处于国家作用范围之外的一大领域之外，还没有为其划定确切的界限，特别是在这些界限有疑问和有争议的地方。这就是我现在要做的事情，如果我自己没有完全成功，我认为至少必须尽可能清楚和完整地说明失败的原因。无论如何，我

84

现在希望尽量简短，因为我完成这项任务所需要的所有原则都已经讨论和解决了，至少在我的能力允许的范围内。

如果一个国家的公民在行使他们有权享有的权利时没有受到来自他人侵犯的外部干扰，无论涉及的是他们的人身还是财产，我就称他们是安全的，因此，安全——如果这里的表述不嫌过于简促而不清晰的话——就是确保合法的自由。这种安全不一定会被所有妨碍一个人自由发挥力量和充分享受财产的行为所干扰，而是只有这些行为是非法的时候安全才会受到干扰。这个界定，和上面的定义一样，不是我随意添加或拣选的。两者都直接来源于上面的推理。只有把这种意义赋予安全这一术语，我们前面的推理才能得到应用。因为只有真正的违法行为才需要一种不是每个人都拥有的权力（去对付）；只有阻止这种侵权行为的东西，能给真正的人的教育带来纯粹好处，而国家在此之外的每一项努力都可以说给人的教育设置了障碍；最后，只有这一点最终来自确定无误的必要性原则，而其他一切都是建立在有可能出错的有用性计算的不稳定基础上的。

其安全必须得到保护的，一方面是完全平等的所有公民，另一方面是国家本身。国家安全本身，其目标可大可小，这取决于是倾向于扩大还是倾向于限制它的权利，因此最终取决于对国家目的的界定。正如到目前为止我尝试辩明的那样，除了它已经被授予的权力和已经分派给它的资源外，它不可再要求任何安全。反过来说，如果公民没有真正触犯法律，国家也不能以安全为由限制他从政治联合中自愿撤出，当然前提是他没有因任何人身的或临时的关系而与国家捆绑在一起，例如在战争期间。因为国家的联合只是一种从属手段，而真正的目的，即人，绝不能被牺牲掉；当然也不免会出现一种冲突情形，即个人虽没有义务牺牲自己，但群众也可能有权拿他去做牺牲品。此外，根据前面的原则，国家不应该积极关心公民的福祉；为了安全而压制自由，以及如此得来的安全本身，都是没有必要的。

对安全的干扰，或是由本身就是侵犯他人权利的行为所造成，或是由那些令人担心会有此种后果的行为所造成。国家必须禁止并设法防范这两种行为（关于这里的限定性条件，马上会成为我们考察的主题）；如果它们已经发生了，要尽可能地通过对所造成的损害做出法律补偿，以尽量使之无害，并通过做出惩罚，以减少今后这种行为的发生频率。由此就产生了通常所说的警察法、民事法和刑事法。此外，在安全这个大标题下，还有一个主题，由于它的特殊性质，需要完全单独的处理。有一类公民，我们前面展开的原则（这些原则预先假定了人们具有通常的能力）只有在做出相当的限制性条件之后，才适用于他们，我指的是那些还没有达到成熟年龄的人，或者那些由于疯狂或愚痴而无法运用正常人类能力的人。显然，国家也必须保障他们的安全；我们很可以预见到，他们的特殊状况要求对他们采取特殊的政策。因此，最后，我们必须考虑国家对其公民中所有未成年人的监护关系，用我们熟悉的说法就是，负起首要监护人的责任。因为除了上文提到的防御外敌的安全之外，我已不需要再增加任何内容，所以我相信，我已经勾画出了国家必须积极关心的所有目标的轮廓。我不打算深入这里提到的所有广泛而困难的问题，只要尽可能简短地为每一个问题阐明与当前这项研究相关的最高原则，我就满足了。只有做到这一点，我才感觉到彻底解决了我们所提出的问题，尝试从各个方面为国家的作用划出适当界限的努力才算完成。

第十章

就"仅与行为人直接相关的行动"
论国家对安全的关心（警察法）

- 言论表达的自由
- 国家有权对人的行为正当施加限制的唯一根据，是这些行为的后果侵犯了他人的权利
- 包含这种侵犯的后果的性质
- 以犯罪为例进行解释
- 在需要一定程度的判断力和知识来避免危险的事情上，国家在行为的后果可能危及他人权利时可以采用的预防措施
- 这些后果与行为本身的联系有多密切才能证明限制是合理的？
- 从上文得出的最高原则
- 例外情况
- 某些行为由公民自愿通过契约实施，比国家必须通过法律实施的优点
- 审察国家是否可以强制某些积极行为的问题
- 答案是否定的，因为这种强制是有害的；
- •也不是维护安全所必需的
- 必要性自保权利的例外
- 在共同财产上的或影响共同财产的行为

一如现在所必须做的，为了在社会生活所呈现出的复杂多
面的关系中追踪人，最好是先从最简单的情形开始，即下面这
种状况，人虽然与他人生活在一起，但完全保持在他自己的所
有权范围内，不做任何与他人权利直接相关的事情。大部分所
谓的警察法针对的就是这种情形。因为尽管这个表述有些不明
确，但仍然将最重要和最一般的意思传达出来了，即这些法律
不涉及直接侵犯他人权利的行为，而是只与防止这种违法行
为的手段有关；它们或是限制直接后果可能危及他人权利的行
为，或是限制通常最终会导致违犯法律的行为，或是明确列举
国家权力本身的维护或行使所必须要求的是什么。事实上有些
旨在关心公民积极福利而与安全无关的法规条例也往往会归在
安全的名义下，对于这些我略过不谈，因为它们与我目前的目
的无关。那么，根据本文确立的原则，对于这种简单的人类关
系样态，国家不应该禁止任何东西，除非它有理由担心国家的
权利或公民的权利受到侵犯。其实一说到国家权利，这里正应
该普遍记住的是，给予这种权利就只是为了保护安全。因此，
在利益或弊害仅仅及于权利人一身的地方，国家就不可通过禁
止性法律加以限制。但是这不足以证明任何行为只要会伤害到
他人就应该加以这样的限制，它必须是同时侵犯到了他人的权
利。后面这个规定需要进一步解释。也就是说，只有当一个人

的一部分财产或个人自由在未经其同意或违背其意愿的情况下被剥夺，权利才算是受到了侵犯。反过来说，当没有出现这种剥夺，即当一个人没有逾越另一个人的权利界限时，那么，无论后者可能遭受什么样的不利，都不存在权利的减损。甚至在遭受不利的一方采取行动之前，或者这么说吧，在他有意行动起来之前，也都说不上存在权利的减损。

这些规定的应用是不言而喻的，我只提几个显著的例子。根据这些原则，人们尤其从宗教和道德角度所认定造成的冒犯就无从谈起了；一个人说了或做了任何伤害他人良心和道德感的事，从道德上的确可说是行为不当，但是只要他没有犯下强求的罪过，他就没有侵犯任何权利。其他人可以自由地与这样的人断绝往来，或者现实情形使远离他变得不可能，他们就必须忍受与志趣不合者相处所带来的不可避免的不便；并且不要忘记，被讨厌的一方也可能正为眼前这一方所特有的性情而恼火；正义在谁的一边，只有在必须做出法律裁决的地方才是重要的。当然还有更糟糕的情形，如看到这种或那种行为，听到这种或那种论说，说这带坏了他人的品德，带偏了他们的理性和常识，但是即使如此，也不足以证明限制自由是正当的。无论谁这样说或这样做，都没有侵犯任何其他人的权利，一个人可以自由地运用自己坚强的意志和理性的推理来抵消这种不良印象。因此，无论明显的不道德行为还是诱人的错误推理可能带来多么大的坏处，都仍然可能会有一个好的结果，即无论是性格的力量，还是宽容的精神和观点的参差多样，都得到了考验并取得了胜利。至于我只是就对安全的影响，而无关乎其他，才论及刚才这些例子，就无需我再提醒了吧？对于它们与国民道德的关系，以及国家在这方面可以做或不可以做什么，我在前面已经尝试解释过了。

然而，由于在许多情况下，正确的判断需要特殊的知识，而这种知识未必是人人都具有的，因此，如果有人有意或无意地利用他人的无知为自己谋利，安全就会受到干扰，在这些方面，公民就应该有权自由选择向国家寻求咨询。医生和被指定为当事人服务的律师就是这方面最突出的例子，一来是因为这方面需求的频繁和评判的困难，二来是因为所担心的不利影响的程度。那么，为了满足国民在这些情况下的意愿，不仅可取而且必要的是，国家应该审核那些从事这种职业的人的资格——只要他们乐意接受这种测试——如果测试成绩优良，就颁给他们相关技能的证明，并让国民知道，他们大可信任的只能是通过这类测验的证明力。但是，国家不可走得更远，不可禁止那些拒绝接受测试或没有通过测试的人从事他们的业务，也不可禁止国民使用他们的服务。此外，这种监管应该限于那些不求影响人的内心而仅仅作用于人的外部生活的事务，在这些事务上，人无需自己参与进来，只需保持被动和顺从，结果的真实和虚假因而就是唯一重要的事情；其次，这种监管只适用于正确判断需要特殊知识的情形，这些知识本身构成了一个相当专门的领域，不能通过单单理性的运用和实践的判断而获得，而这种知识的稀有性甚至让人无从寻求建议。如果国家超出了后面规定的这个界限，它就陷入了危险，令国民变得怠惰、迟钝，总是依赖他人的知识和意志；而正是因为缺乏确定的积极的帮助，才促使人们丰富自己的经验和知识，并使公民更紧密、更多样地联合起来，在这种联合中，他们越发彼此依赖。如果国家没有遵守我们指出的第一个限制（即不能因为一个人不接受考试就阻止他自由从事他选择的职业），那么，除了刚才所提到的不利，还会出现本文开头曾详尽阐述过的所有弊害。很显然——再举一个值得注意的例子——对于宗教教师来说，同样不能适用国家监管。国家应该在什么方面考试他们呢？考试某些特定教义的信仰吗？我们已经充分表明，宗教绝不依赖于这些。考试一般的智力水平吗？对于宗教教师来说，他们的任务是联系听众的个人生活而方便说法，这里几乎唯一重要的事情是教师的智力与听众智力的关系，仅此而言，做出评估已是不可能的。那么，是要考评他的正直和品格吗？但是，对于这方面，将没有任何其他考试会比此种考试更能让国家的地位陷入尴尬，即调查候选人的情况、从前的行为举止等等。最后，一般说来，此类性质的监管——即使是我自己表示赞同的那些情形——只有在国民有明确意愿要求时才能实行。因为，本来，在自由本身所教养陶冶出来的自由人中间，这种做法是不必要的，而且它总是会被滥用。由于我在这里并不关心解决具体的问题，而是只关心确定基本的原则，所以我想再次简要陈述一下我的观点，正是基于这一观点，我才提及此类监督机构的设置。那就是，国家不应以任何方式关心公民的积极福利，因此也无需关心他们的生命和健康，而是应该关心他们的安全。只有当欺骗者利用人们的无知而使安全本身受到损害时，这种监督才落在国家作用的界限之内。不过，即使有这种欺骗的情形，被欺骗的受害者也应该被说服，这类关系之复杂细微使得任何一般规则的应用几乎都是不可能的；而且，恰恰是由于自由为欺骗的可能性留下了口子，反倒锻炼了人的谨慎和远见；我认为这里更符合我的原则的是，在一个必然远离实际应用的理论中，将法律的禁止限定在那类情况，即未经另一个人同意，或者更确切地说，直接违背他的意志而采取的行动。然而，前文的推理总是有助于表明，如果有必要，那些其他情况也应该如何按照上述原则来处理。[*]

如果说截至目前，我们将注意力全集中在行为的后果上，正是这种后果让行为处于国家的监督之下，那么我们还要追问一下，是仅仅有这种后果的可能就足以证明限制是正当的，还是只在必然会有这种后果的地方限制才是正当的。如果我们采取前一种立场，自由可能会受到损害；如果我们选择后者，安全可能会受到威胁。因此，显而易见，必须走中间路线。当然，对这种情况的探讨，必须以损害的程度、成功的可能性和既定法律对自由的限制等多方面的考虑为指导。但是，这些考虑实

【*】 这里提到的情况看起来与其说是属于本章，不如说是属于下一章，因为它们涉及与他人直接相关的行动。但我在这里考虑的不是医生实际治疗病人的情况，也不是律师实际接受一桩诉讼的情况，而是只考虑选择这些职业作为谋生的手段。我问的仅仅是国家是否应该限制这种选择的问题，而且这一选择本身并不直接关系到任何其他人。

际上没有一个允许通用的标准；概率计算总是会有误导性。因此，理论能做的只是给出反思的这些环节。我认为，在应用中，人们必须主要看具体的情形，而不是盯住普遍性；而且只有当过去的经验和当下的考虑表明限制实乃必要时，才决定限制。

自然法，当其应用于人的社会生活时，明确地划出了界限。它反对一切个人越权侵犯他人范围的行为，因此，无论是由于忽视带来（对他人的）损害，还是损害总是或至少以一定概率与某种行为相关，因此也无论行为人是意识到了自己带来的损害，还是至少不能忽视这种损害（一旦忽视就要归咎于他），这样的行为都在反对之列。在此外所有其他情况下，损害的发生皆是由于偶然，行为人没有义务为此做出补偿。这个应用范围的任何扩大，都只能出于这些共同生活的人们的默示同意；而且，这再次是某种实证性的东西。

但是国家应该止步于此似乎也是有问题的；特别是当我们考虑到人们所担心的损害的严重性，以及限制公民自由可能只会带来些许不利时。国家在这方面的权利是不容置疑的，因为它必须提供安全，不仅在权利确实受到侵犯时强制赔偿，而且要防止这种损害。还有，被认为可以站在局外说话的第三方只能根据外在特征做出裁定。因此，国家不可能站着不动，等着看公民是否未能对危险行为采取应有的谨慎，也不能指望他们预见到伤害的可能性；而是必须——在情况确实使人们感到担忧之时——限制本身无害的行为。

因此，鉴于这些考虑，也许可以确立以下原则：为了确保公民的安全，国家必须禁止或限制某些只与行为人直接相关的行为，这些行为的后果意味着对他人权利的损害，即未经他人同意或违背他们的意愿而减损他们的自由或财产，或者担心很可能导致这种结果；在处理这种可能性时，必须一方面考虑所担心的损害的程度大小，另一方面还要考虑到这种禁止性法律对自由的限制的严重程度。但是，任何对私人自由的进一步限制或从其他角度进行的限制，都超出了国家作用的界限。

因为，根据我在这里提出的理念，保护他人的权利是这种限制的唯一正当理由，一旦这种理由不复存在，对这些限制的需要当然也必须停止；例如，就像在大多数警察事务中，危险仅仅及于某个共同体，比如村庄或市镇，那么，一旦这样的共同体明确且一致地要求撤除监督，这种限制就必须停止。于是，国家就必须后撤，只能满足于惩罚出于蓄意或应受谴责的侵权行为造成的损害。

因为抑制公民之间的纷争是国家唯一真正的利益所在，个体公民的意志，即使他们自己是受害方，都不应允许妨碍这种利益。如果我们设想一个开明人组成的共同体，他们充分知悉自身的真正利益所在，因此彼此善意相待并紧密结合在一起，那么他们之间将很容易达成旨在保障他们安全的自愿契约；例如，规定这种或那种危险的事业只能在某个地方或某个时间进行，或者应该完全禁止。这类契约远比国家的法令更为可取。因为正是订立这种契约的人最清楚它们的必要性，并且直接

92 感受到从中产生的好处或坏处，显然，除非有明显的需要，否则它们不会轻易形成；作为自愿的产物，它们也将被更严格地遵守；作为自主行动的产物，即使它们对自由有着相当大的限制，其对个性的损害也会更小；最后，正如它们源自某种仁爱和开明精神，它们反过来又会有助于进一步增进这两种精神。因此，国家真正努力的方向，必须是通过自由引导人们，使公共联合更易于出现，在这些和其他许多类似的情况下，用它们的作用取代国家的位置。

我在这里没有提到任何规定公民积极义务的法律，尽管这种法律在我国无处不在，它们规定公民应为国家或彼此之间做这样或那样的事情甚至牺牲。如果有必要，每个公民都有义务为国出力，这一点我后面还会谈到。但是，除此之外，如果国家强迫一个公民为了另一个人的利益，去做违背他自己意愿的事情，我认为这是不好的，即便他得到了充分的补偿。因为出于人类性情和欲望无限多样的差异，每一种东西和每一件事情，给予每个人的是迥然不同的利益，并且这种利益以同样参差多元的方式让人觉得有兴趣、重要甚至不可或缺，那么，决定哪一种好处对一个人比对另一个人更可取——就算这其中的困难没能完全吓阻我们——总是一件非常苛酷的事情，仿佛是对这相关的另一人的感觉和个性判了刑。正是由于这个原因，真正的补偿往往是不可能的，而且几乎永远无法由普遍规则来确定，因为只有完全相同的东西才能代替另一个。这类法律，即使是其中最好的，也难免会有这种有害结果，除此而外，它还有可能轻易被滥用。

另一方面，虽然唯有安全为国家作用规定了恰当的界限，但安全本身并不会使国家的监管成为普遍必要，因为产生这种必要性的每一种情况都必须是例外；人们越少感到自爱和自由被实际的强制权利所侵犯，就越会变得彼此和善相待，更乐意互相帮助；即使一个人的突发奇想和毫无根据的固执会阻碍一项好的事业，也不足以证明国家权力干预的正当性。不要把挡在行路者前头的每一块石头都炸掉！障碍能够激发力量、磨砺智慧，唯独限制的是那些制造不公正的人，对他们来说毫无益处；但是这不同于刚才说的那种固执，固执尽管可以因个别情况而被法律压服，但只有通过自由才能得以改善。在我看来，这里简要总结的这些原因，就足以说明，唯有出于铁的必要性，我们才需要服从；因此国家也必须满足于保护人类在积极结合之外既有的自然权利，即以牺牲他人的自由或财产为代价实现人类自保的目的。

最后，相当数量的警察法针对行为人在自己的权利范围内的所作所为，但这些权利不仅仅是行为人自己的权利，而且是共有的权利。在这种情况下，对自由的限制当然就不那么令人担忧了，因为在共有财产中，每个共有人都有权利提出反对。这种共有财产的例子，比如道路、流经不同地域的河流、城市的广场和街道等等。

93

第十一章

就"公民与他人直接相关的行为"
论国家对安全的关心（民事法）

- 侵犯他人权利的行为
- 国家的义务——帮助被侵害方获得赔偿；
- •保护侵害方免遭被侵害方的超限报复；
- 双方同意的行为
- 承诺与要约
- 国家对于公民间契约的双重义务：
- •第一，强制执行契约，只要契约是有效的；
- •第二，拒绝为非法的契约提供法律保护，并防止人们（即使是通过有效的意思表示）给自己戴上无法逃脱的枷锁
- 契约的有效性
- 为合法契约的解除提供便利，这是国家的第二项义务的结果
- 影响人身的契约的"仅适用性"
- 根据契约的特殊性质而有的各种变体
- 遗嘱处置（财产）
- •根据一般法律原则是否有效？
- •纯粹无遗嘱继承的缺点和私人处置的优点
- •保留这些优点和消除这些缺点的中庸之道
- •无遗嘱继承中强制部分（即留给家人的部分）的确定
- •生者之间的契约在多大程度上必须转给继承人？
- •只有当遗留财产由此而呈现另一种形式时（译按：财产转让）
- 为防止订立限制人身自由的契约关系，国家可以适用的预防措施
- 法人社团
- •它们的缺点
- •其原因
- •当法人社团只被视为真正成员的联合体时，就会消除这些弊端
- 从本章中得出的最高原则

下面我们转入一种更复杂的情况，不过对眼下这项研究来
说倒没那么难，那就是直接并正面与他人相关的行为。因为无
论何时只要这种行为侵犯了他人权利，国家当然必须阻止它
们，并强制行为人补偿所造成的损害。不过，根据前面的界定，
只有在未经他人同意或违背其意愿的情况下剥夺他人的一部分
自由或财产时，这种行为才算是违背了正义。如果一个人受到
了侵犯，他有权要求赔偿，但是只不过作为社会的一员，他把
私人的报复权转交给了国家。因此，过错方有义务把他侵占的
东西还给受害方，如果归还原物已不可能，那就需要赔偿，以
他的财产和获得财产的能力作为担保。在这里，剥夺一个人的
自由，只能作为一种辅助手段来使用，例如，在破产债务人的
情形中，要剥夺他的自由，就要避免出现这样一种危险，即债
务人连同他的人身自由一起丧失了赚取未来收入的可能。于是，
国家虽然不能拒绝向受害者提供某种正义的补偿手段，但它必
须防止报复欲将这一正义的要求变成不正义的借口。国家有必
要这样做，因为在自然状态下，如果受害者在寻求补偿时越过
正义的界限，侵犯者就会抵制补偿，同理，在这里是由国家不
可抗拒的权威来阻止超过界限的报复；再者，如果应该由一个
第三方来裁决，那么总是需要普遍的规定，而这种普遍规定总
是倾向于借口报复。因此，要求债务人的人身担保（译按：即

剥夺他的人身自由），可能需要比大多数法律所允许的更多的例外。

由双方同意采取的行为与一个人只关涉自己而不直接涉及他人的行为完全相同，对此我除了重复已经说过的话，没什么可说的。不过在这之中，有一类行为完全有必要做出特别的规定，即不是一次性完成，而是延续到未来的那种。在这类事情上，承诺或要约是当事方的完全意思表示，这样就产生了当事方的绝对义务，无论这种义务是单方面的还是相互的。例如，一方将部分财产转让给另一方，如果转让方不履行承诺，试图收回转让的财产，秩序就会被扰乱。因此，确保承诺或要约具有约束力就是国家的一项最重要的义务。不过，只有当约束力及于当事方，并且他至少具备适当的思考能力（无论是在一般情况下还是在意思表示的当口）和自由意志时，由此产生的强制限制，才是正义的和有益的。只要不是这种情况，强制根本来说就是不正义的，也是有害的。要知道，一来对未来的判断总是不完美的，二来许多契约义务束缚了自由，阻碍了人的整全发展。因此，国家就有了第二项义务——拒绝为有违正义的要约提供法律支持，并采取一切跟维护财产安全一样的必要预防措施，以防有人因一时考虑不慎而给自己造就了一副枷锁，抑制或阻碍了他的整个发展。合同或要约的有效性必须要求哪些东西，对此详加解释是司法领域的事情。我在此只需指出，根据我们前面的原则，国家只负有维护安全的责任，除了一般正义概念本身所不能容忍的目标，以及出于安全关切而有正当理由予以排斥的目标，国家再不可划出任何例外（来意图监管）。这里我们只区分下述几种突出情况：1. 承诺方不可让渡任何强制权以免自己沦为他人意图的工具的，例如任何以卖身为奴为结果的契约；2. 承诺方鉴于标的性质本身而无权给予承诺的，例如在所有感情和信仰之事中；3. 承诺本身或其隐含的后果与他人权利不相容或对他人权利有危险的，在这种情况下我们在上一章所确立的原则也严格适用于此。这些情况之间的区别是，在第一种和第二种情况下，国家唯一必须拒绝提供的是其法律强制权，而不阻止这种意思表示的形成或执行，只要是当事方相互同意的；相反，在最后一种情况中，国家不仅可以，而且必须禁止意思表示行为本身。

尽管如此，在合同或契约的合法性本身并无瑕疵的地方，国家仍然可以提供便利，让解除由契约所建立起来的结合关系变得容易，以减轻即便是自由意志所相互加上的义务，防止一时的决定在人一生的太长时间内限制了行动自由。不过，如果合同的目的只是转移物品，而没有任何进一步的人身关系，我认为上面的做法是不可取的。首先，它们很少导致缔约双方之间的持久关系；其次，对这类契约的限制往往会破坏商业往来的稳定性，带来更有害的后果；最后，从某些方面来说，特别是对于培养判断力和坚强的性格来说，让一旦出口的言词具有不可反悔的约束力是好的，所以除非绝对必要，永远不要减轻这种强制，在物权转移的情况中，并没有出现这种必要性；这些限制虽然不免会让这种或那种人类活动受到阻碍，但是人的活力本身则不易削弱。但是对于使个人的履行变成义务的那些合同，或者更重要的，对于那些产生实际人身关系的契约，情况则完全不同。在这些契约下，强制伤害了人的最高贵的力量；不过既然根据契约而来的事业其成功或多或少取决于双方的持续同意，在这种情况下这种限制对他们的伤害也就较小。因此，只要是契约创造了这样一种人身关系，这种关系不仅要求某种特定行动，而且在最真实的意义上影响到个人及其整个生活方式，在这种关系中，其成功或失败，与人的内在感觉最紧密地联系在一起，那么，其解除就必须随时都应该被允许，而不需要给出任何理由。[1] 婚姻关系即是这种情形。

即使这类契约产生的关系没那么密切，但个人自由仍然受到严格限制，那么，我认为，国家必须为它规定一个时间，时间的长短一方面取决于这种限制的重要性，另一方面取决于事务的性质；在这个时间范围内，任何一方都不应该未经相互同意就退出；但在合同期满之后，除非双方续约，合同不应继续具有约束力，即使双方当初在签订时放弃了这项法律权利。尽管这样的规定看起来只不过是法律的特别恩惠，跟任何其他类似的特权一样，并不要求强制执行，但它并没有剥夺任何人建立终身永久关系的权利，而只是剥夺了一个人强迫另一个人的权利，这种强迫会损害被强迫者的最高目的。事实上，这也绝

【1】 J. S. 穆勒："自由原则不允许一个人有不要自由的自由。"(《论自由》，剑桥版，第103页，多伦多版，第300页）但是，穆勒认为洪堡把问题过于简单化了（剑桥版，第103—104页，多伦多版，第300—301页）。

不仅仅是一种恩惠，因为这里提到的情况，尤其是婚姻的情况（一旦自由意志不再伴随着这种关系），跟那种使自己沦为他人意图的纯粹工具，或者不如说被另一方有意当作工具的情况，只有程度上的不同而已。契约产生的强制有正义和不正义之分，国家作为社会的共同意志，有权确定它们之间的一般界线，这是不可否认的；因为，由契约产生的限制是否的的确确使已经改变主意的一方沦为另一方的纯粹工具，要对此做出准确和真实的确定，只有在每一个特定的情况下才是可能的。最后，如果根本不允许事先放弃，那也就不能叫作特别恩惠。

　　正义的首要原则本身就告诉我们，而且上面也明确提到过，除了就他的财产，即真正为他所占有的东西和他的行为之外，任何人都不能有效地缔结合同，甚至不能发出一般要约。同样可以肯定的是，就契约或要约对公民安全构成影响而言，国家对其公民安全的最重要的关心就是监督这一原则的实施。不过，仍有许多类型的事务，并不适用于这一基本原则。例如，所有因死亡而产生的财产处置就属于这种情况，无论它们是以何种方式发生的，无论是直接的还是间接的，无论是附带在另一份合同中还是根据一项特定的合同或遗嘱，也无论是其他任何性质的处置。任何一种权利都只能与人直接相关：它们与事物的关系只有在它们通过行为与人相关联的情况下才是可以想象的。随着人的死亡，这项权利也就结束了。因此，只要人活着，他就可以随心所欲地自由处置他的东西，部分地或全部地转让它们——他的物品、使用权或所有权，也可以随其喜好限制自身的行为和财富的使用。但无论如何，他都无权以对他人有约束力的方式来规定他死后他的财产该如何处置，也无权规定其未来的所有者该如何行为。我不想停下来讨论对这些断言的可能的反对意见。在众所周知的关于遗嘱效力（根据自然法）的争论中，赞同和反对的理由已得到了详尽的审查；权利的观点在这里总体来说没那么重要，因为整个社会有权正面赋予遗嘱处分不这样就没有的效力，当然是毋庸置疑的。但是，至少就我们的普通法系统通过大部分立法赋予遗嘱的效力范围而言，它限制了对人的发展来说绝对必需的自由，因此也背离了我在整个文章中所提出的所有原则；我们的普通法系统，结合了罗马法学者的缜密与实际上旨在令整个社会分离的封建制的支配欲。因为它们是一代人为另一代人制定法律的完美手段，通过它们，（遗嘱的）滥用和偏见就在因不可避免和必不可少而有其必要的理由消失之后继续存在，一个世纪接一个世纪地传下来，所以，不是人塑造物，相反，是物将人置于枷锁之下。而且，它们最容易把人的注意力从人的真正力量及其发展引开，完全转移到外部的财产上去，因为财产是确保他死后其意志仍能得到服从的唯一手段。最后，通过遗嘱自由处置财产的权力（power），往往恰恰服务于人类不那么高尚的激情、骄傲、支配欲、虚荣心等等，而且更常见的是，只有那些不甚明智和不太善良的人才利用它，因为明智者不会为那么长远的事情去做安排，他们觉得未来之事的具体情况超出了他们短浅的预见能力，而善良的人则为没有机会对他人意志强加限制而高兴，更不会热烈地去寻找这样的机会。甚至，太多时候，保密和不受物议的安全，可能会诱使人做出羞耻心本来会禁止的安排。这些原因可能足以表明，至少有必要防止遗嘱处置对个人自由造成的危险。

但是，如果按照原则的严格要求，国家要完全废除通过遗嘱处置财产的权利（right），那么应该由什么来替代呢？出于和平与秩序的需要，不可能允许任何人都来占有，那么毫无疑问，除了由国家决定的无遗嘱继承顺序之外，别无选择。但是另一方面，上面展开的一些原则不允许给予国家如此强大的积极影响，即国家通过规定无遗嘱继承顺序的权利，而彻底废除立遗嘱者自己的个人意志。人们经常注意到继承法和国家政治宪法之间的密切联系，其实这种手段也可以很容易地用于其他目的。总的来说，个人的多样而不断变化的意志比国家的统一和不变的意志更为可取。不管人们如何正确地指出了遗嘱处置的做法有哪些害处，似乎也很难剥夺人们的一种天真快乐，即希望死后能以留下的财产为这个或那个人行点善事；虽然当这种感情受到特别鼓励时确实会使人过于重视财产，但是完全取消它也可能会导致相反的弊端。人们所享有的这种随心所愿地把遗产留在身后的自由，也在他们之间产生了一种新的结合纽带，尽管这种联结经常被滥用，但也常常是有益的。事实上，本文所阐明的理念的全部意图，无非可以归结为这样一点：它们试图打破社会中的一切束缚，但也试图找到尽可能多的社会100纽带。被孤立的人和被束缚的人一样无从发展。最后，一个人是在去世的那一刻真正放弃了属于他的东西，还是通过遗嘱把它遗赠出去，其实并没有什么不同，因为对于这些财产，他（那时）拥有不容置疑的不可剥夺的权利。

这里就这个问题举出的正反两面理由似乎是自相矛盾的，我觉得只要看一下遗嘱财产处置其实可以包含两种规定，矛盾就迎刃而解了：1. 谁将是财产的下一个直接继承人；2. 他可以如何处置这项财产，即可以顺序遗赠给谁，以及一般地，这项遗产未来可以如何被使用；上面提到的所有缺点只适用于后者，而所有优点则只产生于前者。因为如果法律保证立遗嘱者不会犯下真正的错误或不公正（当然只能像它必须要做的那样，通过对家人应得部分的规定），那么在他死后将财产作为礼物遗赠给某人，在我看来就仅仅是一个善意的想法，并不是一项值得担心的特别危险。此外，这方面的指导原则在任何特定时期肯定总是一样的，同时遗嘱处置是更常见还是更罕见，也向立法者表明，他所提出的无遗嘱继承顺序是否仍然适用。那么，鉴于这件事情上的双重性质，在国家有关遗嘱的办法上也做出相应的区分也许就是可取的，也就是说，一方面允许每个人自由决定谁可以继承他死后的财产（除了应该强制留给家人的部分外），但另一方面禁止他以任何方式规定继承者应该如何管理或使用这份遗产。不过，国家允许的前一种特权可能会被滥用，成为用来干国家所禁止之事的手段。但是尽量通过各种具体而详细的规定来预防这一点，正是立法机关应该做的事情。

这里不是对这一主题进行全面展开的地方，但我可以提几条这种规定的例子，比如，立遗嘱人不得为继承人继承财产规定任何在他死后必须履行的条件；立遗嘱人只应指定其财产的下一任继承人，而不应指定再往后的继承人，因为这样一来，第一个继承人的自由就要受到限制；他可以指定几个继承人，但必须直接指定；一件东西可以根据大小的量来分割，但决不可根据他与事物相关的权利来分割，如实物（前者）和用益权（后者）。由此产生的多种不便和对自由的诸多限制，一如与此密切相连的观念（即继承人代表立遗嘱人）导致的不便和限制，我认为这种观念（像其他许多已经变得极端重要的观念一样）是从罗马人的手续上来的，因此是基于一个刚刚开始形成的民族必然尚不完善的司法制度之上的。不过，如果人们盯住这一条，立遗嘱人最多只能指定他的遗产继承人而不允许再有其他任何权利，那么，这些不便和限制尽可以摆脱；如果这一条已经做到，国家就要帮助继承人占有财产，但必须拒绝立遗嘱人任何超出于此的意思表示。如果死亡者没有指定遗产继承人，国家必须规定一个无遗嘱继承顺序。但是，展开一项原则，让这种无遗嘱继承安排以及必须留给死者家人多大部分遗产的连带安排有据可依，不在我眼下的研究目的范围内；对我来说指出下面一点就足够了：在这上面，国家无权推进它自己的积极目标，如维持家庭的显赫和繁荣，或者是相反的极端，通过增加继承人数量甚至为更广大的需求提供巨额支持，而分裂财产；而是必须始终按照正义的理念行事，在这里就是必须局限于死者生前的共有财产，因此首先须满足死者家人的权利要求，其次才轮到死者所在社群等的权利要求。[*]

与继承问题密切相关的一个问题是，活人之间的契约可以在多大程度上传给他们的继承人。答案必须遵循既定的原则，

102 即一个人在有生之年可以限制他的行为，并按照他的意愿处置他的财产，但不允许在他死后限制他的继承人的行为，也不允许对财产处置做其他任何规定（人们能同意的仅仅是他可以指定财产继承人）。因此，所有那些确实包含财产转让从而减少或增加立遗嘱人财产的义务，都必须传递给继承人，并且必须向立遗嘱人履行；另一方面，所有那些涉及立遗嘱人行为，或者仅仅涉及立遗嘱人人身的义务，就都不能继续存在了。不过，即使有这些限制，立遗嘱人生前缔结的合同，仍然存在着使后代卷入具有约束力关系的巨大危险。因为一个人可以像让渡自己的财产一样轻易地让渡自己的权利；这种让渡必然对继承人有约束力，如果继承人除了接替立遗嘱人的地位再没有其他地位，那么，对同一事物几项不同权利的分开占有，总是会带来压迫性的个人关系。因此，即便并非必要但至少非常可取的是，国家要么禁止合同的效力延长到订立者寿命之后，要么至少在这种关系出现之后，提供便于促成真正财产分割的手段。这类

【*】 在上面的评论中，我非常感谢米拉波关于这个问题的演说；如果他不是从一个与本项研究完全不同的观点出发，我本应该进一步利用他的推理。（参见《米拉波在国民议会上的作品全编》，*Collection Complète des Travaux de M. Mirabeau l'Aîné al'Assémblée Nationale*, v, 498–524）。[2]

　　【2】 洪堡所指的演说，题为《关于直接继承中的平等权利的演说》（'Discours sur l'égalité des portages dans les successions en ligne directe'），如今已经不归在米拉波名下。

命令的精准执行，不属于本文的论述范围，更何况在我看来，它无法通过确立一般原则和针对具体合同的个别法律来实现。

一个人越是克制自己的意志和力量，他在国家中的位置就越有利（译按：意即他就越适合作为共同体的一员）。鉴于这一真理（本文提出的所有观点都围绕这一真理），如果我们看一下民法领域，那么在诸多其他不太重要的主题之外，有一个特别值得注意，我指的是那些与自然人不同的各种会社团体，我们习惯于称之为道德人或曰法人的。因为它们总是拥有一个统一体，独立于组成它们的成员数目，这个统一体经过小修小补可以维持很多年，最终也会出现遗嘱处置所会带来的所有有害后果。因为，对我们来说，尽管许多危害来自一种与它们的性质没有必然关联的安排（即有时通过国家明示，有时通过习惯默许，它们被赋予排他性的特权，因而常常成为真正的政治机构），但它们本身仍然导致许多不便。不过，只有当社团的规章，或是迫使所有成员违背自身意志接受对他们共同财产的某种利用，或是至少出于协同一致的必要，允许少数人的意志桎梏多数人的意志，才会有这种不便发生。其实，各种社团和协会本身远没有产生有害的后果，它们是促进和加快人类提升的最可靠和最适当的手段之一。因此，我们对国家的所有期望必须是这样一种安排，即每个法人或会社团体在任何特定时间都只能被视为其成员的联合体；因此当联合体根据多数人的意志决定使用他们的共同力量和财产时，就不应该受到任何阻碍。但是必须注意，只有那些真正作为会社基础的人才可以被

103

这样看待，而不可把那些仅仅为之驱使的人也包括进来，这种混淆并不罕见，尤其是在判定神职人员的权利时常常发生（神职人员的权利有时被错置为教会的权利）。

因此，从我提出的理由中，我认为可以推出以下原则。当人不是停留在自己的力量和财产的直接范围内，而是采取与他人直接相关的行动时，出于对安全的考虑，国家有以下义务——

1. 对于未经他人同意或违背他人意愿的行为，必须禁止对这个他人享受力量或占有财产造成任何伤害；如果伤害行为已经发生，强制侵犯者赔偿造成的损失，同时防止受害者以此为借口或任何其他借口实行私人报复。

2. 那些在他人自由同意下发生的行为，必须被限制在上述为只关乎个人的行为所规定的范围内（见第十章），但不能比这个范围更窄。

104　　3. 如果在刚才提到的行为中，有一些在当事方之间产生权利和义务（单方面或相互的要约、合同等），国家必须保护由此产生的强制权利，只要转让是在转让方处在适合做出理性决定的状态并且可以自由决定的情况下做出的；但是，当缺乏后面的限定条件，或者，在未经同意或违背其意愿的情况下会让第三方受到不公正的限制时，则永远不予保护。

4. 即使是有效的契约，如果从中产生的个人义务，或更确切地说从中产生的人身关系，非常狭隘地限制了自由，国家就必须为契约的解除提供方便（即使这违背一方的意愿），并且根据的总是这种限制对人的内在教化所造成的伤害程度；因此，在由关系产生的义务的履行与人的内在感受密切相关的情况下，国家必须总是授予无条件解约的权力；但是，在上述关联不那么密切（虽然仍有限制）的情况下，国家必须允许在一定时间过去后退出的权力，这一次需要根据限制的重要性和事务的性质来确定。

5. 如果一个人希望在他死后处置他的财产，允许他指定遗产的直接继承人，但是不可附带任何限制继承人随心所欲地使用财产的条件，这样做是可取的。

6. 但是，必须禁止做出所有这种性质的进一步处置（**译按：即指定隔代继承人**），同时由国家规定一种无遗嘱继承顺序，并确定须强制留给立嘱人家人的份额。

7. 虽然在世的人之间缔结的合同（在他们死后）传给继承人，并且继承人必须向他们履行义务，因为他们重置了身后的遗产，但是国家不仅应该防止这一原则的进一步扩大，而且如果某些合同引起当事方之间密切和限制性的关系（例如若干方之间对一件事物的权利分割），则要么让缔结合同的效力只限于生前，要么至少为一方或另一方的继承人提供解约的方便，这也是可取的；因为即使这个同样的理由不像在前述人身关系情况下那么适用，但在这里继承人的同意也并不那么自由，并且关系的持续时间甚至无限长。

如果我完全按照我的意图成功地确立了这些原则，它们就必须作为最高的准则，为民事立法必须确保维持安全的所有情况所遵循。例如，正是由于这个原因，我在这个总结概述里略 105

过了我前面提到过的法人社团；因为，鉴于这类社团无论是起于一项遗嘱还是起于一项契约，它都应该根据这里所谈的这些原则来判断。当然，民事立法中所包含的案例之丰富，不允许我因为在这里成功确立了这些原则而自矜自傲。

第十二章

就"公民纠纷的法律裁决"
论国家对安全的关心

- 在这里，国家只是代替当事人
- 由此产生的第一项司法程序原则
- 国家必须保护双方当事人的权利
- 由此产生的第二项司法程序原则
- 忽视这些原则的弊端
- 为实现司法判决的可能性而制定新法律的必要性
- 这种必要性的存在程度是一个标准，可以据此确定司法体制的优劣
- 由此产生的立法规则
- 从本章中得出的最高原则

公民可在社会中要求安全，其基础主要在于，他们向国家
移交了所有私人寻求补救的权利。随着这种转移，国家有义务
给予公民他们再不许自己去获得的东西，因此有义务审判争端
案件，并保护胜诉的诉讼当事人的权利。在这里，国家仅仅是
无偏私地代替公民，没有任何自己的利益。因为只有当遭受不
公正或认为遭受不公正的人不想忍受时，安全才真正受到侵
犯，但当他同意或有理由不想去追求自己的权利时，安全就没
有受到侵犯。事实上，即使无知或怠惰导致人们忽视了自己的
权利，国家也不应该主动干预。只要国家没有通过复杂、模糊
或未恰当公开的法律为这种错误提供机会，它就是履行了自己
的职责。那么，这些理由也适用于国家在寻求补救时用以判定
确切权利的所有手段。也就是说，它在调查案件的真实性质时，
绝不能超越当事各方的意志而再进一步。因此，任何诉讼程序
的第一原则必然是，绝不寻求真相本身和绝对的真相，而只限
于有权提出调查要求的当事人一方所要求的程度。但是，这里
也有一个新的限制：国家不迎合诉讼各方的所有要求，而只满
足那些能够帮助澄清所争议权利的要求，以及满足于使用那些
即使没有国家也能用来解决人与人争端的手段；在这种情况
下，当事方之间只是对某项权利有争执，但是另一方要么没有
可以争取之的权利，要么至少不能证明有权利可以争取之。国

家插手进来，只是确保此类解决争端的手段的使用，并支持其发挥作用。

由此产生了民事诉讼和刑事诉讼的区别，对前者，探明真相的极端手段是发誓，但对后者的调查，国家享有更大的自由。由于法官在对有争议的权利进行调查时站在双方中间，他有责任防止任何一方因另一方的过错而完全无法达到自己的意图或至少被拖延；因此，出现了同样必要的第二个原则，即在诉讼过程中，对当事人的行为进行特别监督，并防止诉讼偏离而不是接近共同目标。我认为，对这两项原则中任何一项都做最严格和最一致的遵守就能产生最佳的诉讼制度。因为如果忽视后一原则，当事人的狡辩和辩护人的疏忽及自私意图就有了太多的余地；这使得诉讼过程牵绊、漫长且昂贵，而判决还会是扭曲的，往往既不合实情又不合诉讼各方的意见。事实上，这些弊端甚至导致更频繁的法律纠纷，并助长了争讼风气。另一方面，如果偏离了第一原则，程序就变成了审问式的，法官获得了太多的权力，干涉公民最细微的私人事务。这两种极端在现实中都可以找到例子；经验证明，如果说后面这种极端对自由造成了狭隘和非法的限制，那么前一种极端则往往危及财产的安全。

为了调查和研究真相，法官需要取证。因此，权利除了在有争议的情况下能在法官面前作为证明外，再没有其他任何有效效力，这提供了一个新的立法角度。由此产生了新的限制性法律的需要，即法律要求交易具有某种特征，通过这种特征可以在未来承认其真实性或有效性。这类法律的必要性会随着司法制度完善程度的提高而下降；在司法制度最不健全的地方，这类法律的必要性最大，建立证据所需的外部标志越多越好。因此，大多数此类手续都是在最不开化的民族中成立的。这是一个渐进的过程，罗马人为主张一块田地的权利，最初需要双方都到田地现场，然后是需要将一块泥土带到法庭，再往后是需要庄重发誓，最后连发誓也不需要了。无论何地，尤其是在文明程度较低的国家，司法制度对立法都有着非常重要的影响，这种影响又往往绝不仅限于手续。我在这里想提醒读者注意的不是一个例子，而是罗马人的契约和合同学说，尽管迄今为止它很少得到解释，但很难从别的角度来看待它。调查这种影响在不同时代和民族的不同立法中的具体情形，在许多方面都是有用的，尤其在下述方面特别有价值，即判断哪些立法是普遍必要的，哪些只是为了适应当时当地的条件。因为取消所有这类限制——即使假设有这种可能性——也是不可取的。因为，一来，欺骗的可能性，如替换虚假文书，变得大为容易，二来，诉讼会成倍增加，或者，即使这本身算不上什么坏事，也大大增加了通过挑起无用争端打扰他人安宁的机会。而正是在争讼中表现出来的这种好斗精神，对人的性格产生了最不利的影响，且不说它对公民的财富、时间和安宁造成的损害；而恰恰不会有任何有益的补偿可以抵消这些不利的后果。反过来，手续繁多的缺点是增加了交易的难度以及对自由的限制，这在任何关系中都是令人担忧的。因此，法律在这里也必须尝试采取一种中间路线，除了确保交易的有效性和防止欺诈或便于取证之外，绝不从任何其他角度规定手续；即便如此，也只是在根据个别情形有其必要时才做如此规定，就是说如果没有手续要求，很容易出现欺诈，日后也很难取证；还有，只应规定执行起来不会太难的规则，同时废除所有会使商业交易不仅更加困难，甚至几乎不可能的规则。

因此，同时适当考虑安全和自由，似乎会得出以下原则：

1. 国家的一项首要职责是调查和解决公民之间的权利纠纷。在这里，国家站在中间代替当事方的位置，其唯一的目的仅仅在于一方面防止不公正的要求，另一方面给予正义一方应有的重视和考虑，否则公民本身只能以某种损害公共秩序的方式实现自己的正义要求。因此，在对有争议的权利进行调查时，它必须遵循当事方的意愿，只要该意愿仅仅立于权利的基础之上，但要防止任何一方对另一方使用非正义手段。

2. 法官对争议权利的判决，只能通过满足特定法律要求的真实性标志（**译按：法律证据**）来做出。由此产生了一类新法律的必要性，即规定合法交易必须具有某些确定特征的法律。在制定这样的法律时，立法者必须始终只以两个目标为指导：提供合法交易的鉴证，且不要使诉讼过程举证过于困难；另一方面，小心不要陷入相反的极端，不要让交易变得太过困难，更不可做出使交易变得完全不可能的规定。

第十三章

就"对违犯国家法律的惩罚"
论国家对安全的关心（刑事法）

- 国家必须惩罚的行为
- 刑罚
- 刑罚的绝对尺度：保证有效同时的最高宽大
- 通过褫夺名誉施加惩罚的有害性
- 刑罚的不公正性：超出了罪犯的范围，影响到其他人
- 刑罚的相对尺度：对别人权利的无视程度
- 驳斥"以犯罪的频率和引起犯罪的冲动的数量为衡量标准"的原则
- ·它的不公正性
- ·它的有害性
- 从刑罚轻重的角度对罪行进行总体分级
- 刑事法对实际犯罪的适用
- 调查期间对罪犯的诉讼方式
- 审察国家在多大程度上可以预防犯罪的问题
- 与前文"从仅与行为人相关的情况中推导出的限制"的区别
- 根据犯罪的一般原因，概述预防犯罪的各种可能方式
- 第一种方法，即试图补救通常导致犯罪的贫困，是有害而无用的
- 第二种方法（消除性格中的犯罪原因）危害更大，因此同样不可取
- 这种方法在真正罪犯身上的应用：道德改造
- 对"暂时赦免"情况的处理
- 最后一个防止犯罪的方式：消除犯罪的场合
- 仅限于防止已经决定实施的罪行
- 另一方面，必须用什么来代替这些不被认可的预防犯罪手段呢？
- ·对所犯罪行进行最严格的监督，避免有罪不罚
- ·赦免权和减刑权的危害性
- ·侦查犯罪的活动
- ·所有刑事法律全面公开的必要性
- 从本章中得出的最高原则

确保公民安全最后的且也许是最重要的手段，是惩罚违犯
国家法律的行为。因此，我仍须将前面已经确定的原则应用于
此。这里出现的第一个问题是：国家可以惩罚哪些行为，即哪
些行为可定为犯罪。有了前面说的那些，答案显而易见。因为
除了公民的安全之外，国家不得追求任何其他目的，因此除了
与此目的背道而驰的行为之外，它不得限制任何其他行为。但
这也意味着这种行为毕竟应该受到适当的惩罚。因为它们损害
了对人的享受和能力发展来说最不可或缺的东西，这种伤害如
此严重，不使用所有适当和允许的手段就没法对付它们。因此，
根据正义的基本原则，任何人如果侵犯了他人的权利范围，都
应该在自身的权利范围上接受与侵犯程度同等的惩罚。反之，
对于那些仅仅涉及行为人自身的行为，或者得到被涉及者同意
的行为，是禁止根据同一原则进行惩罚的，甚至不允许这一原
则限制这些行为。因此，任何所谓的肉体犯罪（强奸除外），
无论是否惹人厌恶，如企图自杀等等，都不应该受到惩罚，甚
至在得到一个人同意的情况下夺走他的生命（译按：协助自杀）
也不应该受到惩罚，如果不是在后一种情况下，危险的易被滥
用的可能性使得刑法成为必要。除了那些禁止直接侵害他人权
利的法律之外，尚有其他不同类型的法律，我们已经部分讨论
过，现在必须再次提及。因为对于一般为国家所规定的最终目

的来说，此类法律虽只有间接实现国家意图的意义，但国家也可以出手惩罚，只要违法行为本身没有自动导致应有的后果；例如，违反遗产信托禁令（des Verbots der Fideikommisse，译按：即禁止将财产受益权与继承权相分离）的做法，紧随的后果是应让它所做出的财产处置无效。这是更有必要的，因为否则就没有强制手段来确保此类法律得到遵守。

下面我从惩罚对象转向惩罚本身。我认为，在不考虑因地制宜的一般推理中，即使以非常宽泛的方式规定一个惩罚的度，或仅仅确定其永远不应超出的度，都是不可能的。惩罚必定是一件威慑犯罪分子的坏事。而其程度也必定像人的身体和道德感觉的差异一样无限变化，因时因地而不同。因此，在一种情况下可谓残酷的东西，在另一种情况下可能就是必要性所要求的。只有一点是肯定的，那就是，惩罚的程度越是温和，就代表惩罚的制度越是完善，当然前提是无论轻重都同等有效。因为不仅轻微的惩罚本身是较轻的坏事，而且它们以最符合人性的方式引导人们远离犯罪。因为它们所引起的身体上的痛苦和可怕越少，就越是符合道德；反之，巨大的身体痛苦减轻了受罚者的羞耻感和旁观者的谴责感。因此，温和的惩罚确实可能得到比乍看起来所允许的更多的使用，因为从另一面说，它们获得了一种替代性的道德平衡效果。一般来说，惩罚的效果完全取决于它们给罪犯留下的印象，庶几可以断定，在一系列适当分级的惩罚阶梯中，把哪一级作为最高的惩罚都是无关紧要的，因为惩罚的效果实际上并不取决于它的性质，也不取决于它在整个惩罚梯度中所占的位置，国家宣布的惩罚很容易被看作最高的惩罚。要我说，只有当国家的惩罚是为公民所慑服的唯一祸事时，这个说法才是有效的。但是事实并非如此，实际诱导他犯罪的往往才是真正的祸事（罪恶），[1] 所以最高程度的惩罚乃至一般的惩罚，就旨在对抗这类罪恶，也必须根据这类罪恶来确定。可是，无论哪里，只要公民享有巨大的自由，就像本文所极力鼓吹的那样，那么他将生活在更大的福祉中；他的心灵会更为清明，他的想象会更为迷人，惩罚也会在不失效力的情况下变得宽松。于是，所有的美好和仁慈之物都真的处在一种美妙的和谐之中，只要走进其中之一，就可以享受所有其他之物的祝福。因此，在我看来，在这件事上，唯一可以普遍确定的是，最高程度的惩罚必须因地制宜而尽可能地温和。

112

我认为有一种惩罚应该被完全摒除，那就是褫夺名誉，使人名声变臭。因为一个人的荣誉，他的同胞对他的好感，绝不是国家有权染指的东西。不管怎样，这种惩罚最多只会是这样：国家可以剥夺罪犯的尊严和信誉，并允许其他人也这样做而不受惩罚。尽管国家可以在觉得有必要时不放弃使用这一权利，尽管它的职责无论多么要求它这样做，我认为，普遍宣称要这样做仍然是不可取的。因为，首先，它预先假定了被惩罚

【1】 译按：这里的"罪恶"与前面的"坏事""祸事"，在原文里是同一个词 Übel/evil，汉语里不太好找兼顾这两个义项的对应词。

者的错误行为具有某种一贯性，而哪怕在实际经验中它很少发现这种一贯性；其次，即使使用最温和的表达方式，即使它仅仅表达了国家方面正当的不信任，它也总是太过模糊，很难不被滥用，而且，即使仅仅是为了前后一致，它所要包含的情况也比事情本身所必需的多得多。因为根据情况的不同，一个人可被寄予的信任是无限多样的，我几乎不知道有哪一种犯罪会使对罪犯的信任一下子全部被打翻。但是，一个宽泛的表达总是会导致这种情况：本来只有在适当的场合，人们才会记起这个人违犯了这项或那项法律，现在却到处带上了不值得信任的印记。可是，这种惩罚是多么严厉，这种感觉任何人都不陌生，没有同伴的信任，生活本身就不再值得过。在切实应用这些惩罚时，还会出现诸多困难。对正直的不信任实际上必然是缺乏正直的结果。可是这种惩罚将会扩及多少案例，大家可以自己看看。同样困难的问题是，这种惩罚要持续多久。毋庸置疑，每一个公正思考的人都希望把它限定在一段时间内。但是，法官能够确保某一天过后，一个长期背负着同胞不信任包袱的人会突然重新获得他们的信任吗？最后，根据贯穿本文的原则，国家不应该以任何方式对公民的意见给予明确的指导。因此，在我看来，更可取的做法是，国家最好把自己限制在它的职责范围之内，负起保护公民不受可疑人员侵害的责任，因此，只要有必要，在例如任命官员、接受证词、核准监护人等方面，通过明确颁布的法律，将犯下某些罪行或受到某些惩罚的人排除在外；除此而外，它应完全避免发出任何进一步的普遍宣称，说某人不值得信任，甚至让他名誉扫地。那么在这种情况下，也很容易确定一个时间，超过这个时间，这种排除就不再有效。当然，我无需再提醒，国家总是被允许采取斥责警告的惩罚手段对荣誉感施加影响。我也无需重复，绝对不能容忍任何惩罚超出罪犯本人而株连其子女或亲属。正义和公平齐声反对这种做法；甚至，从任何方面看都十分优秀的普鲁士法典，尽管小心翼翼地表达了在什么场合下使用这种惩罚，也不足以减轻事物本身固有的严酷性。【2】

　　既然不可能确定一个绝对的惩罚标准，那么就更有必要确定其相对程度。也就是说，我们应该建立一个标准，根据这个标准来确定不同罪行的惩罚程度。那么，根据我们已经确立的原则，这个标准只能是在一桩犯罪里忽视他人权利的程度，因为我们这里针对的不是任何刑法对个体罪犯的适用，而是惩罚的一般原则，所以这个程度必须根据罪行所侵犯的权利的性质来确定。最自然的原则似乎就是根据预防犯罪的难易程度来判断，因此惩罚的力度取决于驱使或阻止犯罪的动机的强度。但是如果这个原则得到正确理解，那么它和刚才所说的原则是一致的。因为在一个秩序良好的国家，宪法本身没有刺激犯罪的内容，除了无视他人的权利之外，没有任何其他犯罪的诱因，而诱使犯罪的冲动、倾向和激情利用的正是对他人权利的无

114

【2】　普鲁士民法典的这一段写道："犯有叛国罪的人不仅将丧失所有财产和整个公民身份，而且他们的子女也将承担他们不幸的罪责，（在）如果国家觉得有必要避免未来的危险，将他们永久拘留或放逐（的情况下）。"[L]

视。但是，如果一个人对这个原则有不同的理解，即他认为，如果某时某地犯罪活动频繁发生，那么犯罪就应该受到严厉的惩罚，或者根据罪行的性质（如在众多政治犯罪的情形中），当道德约束变得无效的时候，惩罚还要更加严厉；然则，这个标准既不公正，又有害。

这是不公正的。因为，至少正确的是，预防未来的侵犯是所有惩罚的目的（因为不得为任何其他目的施加惩罚），所以侵犯者有义务忍受惩罚，这实际上源自这样一个事实，即每个人都必须忍受看到他的权利被别人侵犯，只要他自己侵犯了别人的权利。不论是在政治联合之外，还是在政治联合之内，这一义务都建立在此种事实基础之上。因为使这种义务尽出于社会契约不仅于事无补，而且还有困难，例如，在某些时候和某些情况下显然有其必要的死刑，就很难根据社会契约证明它是正当的，任何罪犯都可以逃脱惩罚，如果他在受刑之前就退出社会契约，例如古代自由国家里的自愿流亡，然而，如果我的记忆没错的话，这只是在政治犯罪而不是私人犯罪的情况下才被容忍。因此，侵犯者本人无权置喙惩罚的有效性，即使受害者不必担心他的二次侵犯已是无比确定之事，侵犯者仍然必须承认惩罚的合法性。另一方面，根据
115 这一原则，他也可以合法地反对任何超过其犯罪程度的惩罚，尽管可以肯定的是，只有这种惩罚而绝非宽大的惩罚才是十分有效的。至少在人的观念中，内在的正义感和外在幸福享受之间有着不可否认的联系，而且在人看来，前者似乎使他有

权享受后者。这种期望是否能被命运赋予他的幸福所证明，是一个更值得怀疑的问题，但无法在这里讨论。但是，鉴于别人可能会随意给予或者收回他的幸福，他享有幸福的权利就必须得到承认。与此相反，这一原则似乎否认了这一点，至少事实如此（*de facto*）。

然而，这个标准甚至对安全本身也是有害的。因为尽管它可以强制人服从这个或那个特定的法律，但它恰恰扰乱了一个国家公民安全的支柱，即它通过在罪犯受到的对待和他自己的负罪感之间造成了冲突，从而破坏了道德感。防止犯罪的唯一可靠的手段是确保对他人权利的适当尊重；除非每个侵犯这些权利的人在行使自己的权利时受到大致同等程度的限制，否则这永远不会实现。因为只有通过这种对应关系，人的内在道德发展和政治安排的成功之间才能保持和谐，没有这种和谐，即使是最巧妙的立法也永远无法实现其最终目的。至于采用这样一个标准会对实现所有其他人类目标造成多大的损害，它与本文中规定的所有原则有多大的矛盾，无需我再来赘述。上述理念所要求的罪行与惩罚的对等，也是不能绝对确定的，不能一概地说这种或那种罪行就只应受到这样或那样的惩罚。只有先有了程度不同的一系列犯罪，才能有办法规定如何确保这种对等；在这种情况下，相应的惩罚必须划出相应的等级。因此，如果根据前面所说的，惩罚的绝对标准（如最高惩罚）是根据所犯罪恶的量以及为了将来防止犯罪所必需的程度来确定的，那么，其余惩罚的相对标准（如果最高惩罚或干脆任何一种惩

罚已被确定下来）必须根据相应的罪行大于或小于第一个惩罚
116 想要防止的程度来确定。因此，最严厉的惩罚应该适用于那些
真正侵犯他人权利的罪行，而较温和的惩罚应该适用于那些违
反仅仅是为了防止这种侵权行为而制定的法律的违法行为，无
论这些法律本身多么重要和必要。这样，就避免了公民认为他
们受到了国家动机不当的任意对待，这种偏见很容易产生，如
果严厉的惩罚针对的是实际上对安全只有遥远影响或此间因果
联系不太好确定的行为。不过，在前面最先提到的罪行中，那
些直截了当侵犯国家权利的人应该受到最严厉的惩罚，因为任
何不尊重国家权利的人都不会尊重他的同胞的权利，他们的安
全完全取决于国家权利。

如果说法律以这种方式普遍规定了罪行与惩罚，那么这
一既定的刑法必须适用于具体的罪行。在这种应用中，法律
原则已经表明，对罪犯施加惩罚，其程度必须只能与其犯罪意
图或已犯下的罪行相等。但是，如果上述原则必须得到严格遵
守，即无视他人权利必须受到惩罚并且只有这种情况才能受到
惩罚，那么在惩罚个人罪行时就不能忽视这一原则。因此，对
于已经犯下的每一项罪行，法官必须竭力准确地调查罪犯的意
图，并且允许法官有权根据罪犯对他所侵犯的他人权利的无视
程度，对一般惩罚做出修改。

调查过程中针对罪犯采取的程序，同样可以由一般法律原
则来确定，方式同前述。法官必须使用一切合法手段调查真相，
但不得使用任何超出合法限度的手段。因此，首要的是，他必

须区分仅仅是嫌疑人的公民和实际被定罪的罪犯，绝不可像对待后者那样对待前者；总的来说，也决不能侵犯被定罪的罪犯享有的人权和公民权，因为只有生命终止他才失去人权，只有通过法律和司法先将他从政治联合中排除出去，他才失去公民权。因此，使用包含实际欺诈的手段应与严刑逼供一样被视为非法。因为，尽管法官可以拿嫌疑人或罪犯本身的行为性质来为自己的做法开脱，但欺诈行为跟法官所代表的国家尊严不能相配；一种光明正大的态度（即便是针对罪犯的行为），对国民性格会有多么有益的结果，这不仅本身是显而易见的，而且从那些在这方面享有崇高立法的国家（例如英国）的经验中，也可以得到证实。

最后，我必须借着讨论刑法的机会，尝试考察一个问题，这个问题由于晚近以来的立法努力而变得尤其重要，即国家在多大程度上有权或有义务在犯罪发生之前实行预防。也许没有任何其他事业有着与此相比同样仁慈的意图，它在每个人心中必然激起的同情威胁着调查的公正性。尽管我不否认这样的调查是非常必要的，但如果我们考虑到有可能导致犯罪企图的情绪是无限多样的，那么在我看来，想要完全阻止这种企图是不可能的，非但如此，预防犯罪实施的做法本身就威胁着自由。因为我在前文已经尝试为国家限制个人行为的权利做出了界定，所以似乎我已经回答了这里的问题。但是，当我在那里规定国家必须限制那些其后果可能危及他人权利的行为时，我的意思指的是（正如我为支持这一立场而提出的理由所表明的）

这样一些后果，它们只是相关行为本身会导致的，只有行为人更加小心谨慎才能避免。而当人们谈到预防犯罪时，指的当然只能是限制易于产生另一个行为（即犯罪）的行为。因此，一个重要的区别在于，就这里来说，行为人的心灵必须通过新的决定主动参与进来，而就那里来说，行为人的心灵要么完全没有发挥影响，要么是由于迟钝而只有消极的影响。我希望，仅这一点就足以清楚地表明这种区别。

那么，所有的犯罪预防都必须从犯罪的原因出发。但是，这些千差万别的原因，也许可以简化为一个普遍的公式，即行为人感到他的喜好与自己满足这些喜好的能力之间出现了不相称，这种不相称的感觉并没有被理性适当地压制下去。关于这种不相称，尽管很难做出详细的分别，但一般来说，至少可以区分两种情况：其一，它产生自某些确实过分的喜好，其二，它产生自满足普通喜好的手段的匮乏。如果这两种情况还必定伴随着强有力的理性推理和道德情感的缺乏，那么防止这种不相称爆发为非法行为就变得无能为力。因此，根据上述两种情况的区别，国家想要通过抑制犯罪原因来预防犯罪的每一项努力，要么必须瞄准改变和改善公民的境况，使之不再铤险犯罪，要么限制那些倾向于导致违法的癖好，要么赋予理性推理和道德情感更有效的力量。最后，还有另一种预防犯罪的方法，即从法律上减少实际犯罪的机会，或者减少助长不法倾向爆发的情况。对于这些不同类型的方法，目前这项研究不会忽略任何一个。

第一种方法旨在改变导致犯罪的公民境况，它似乎是所有方式中缺点最少的。丰富人们发挥力量和享受财富的机会，本身就是仁慈的，它不会直接限制人的积极性；当然，不可否认，我在本文的开头曾经说过国家关心公民物质福利的后果就是限制了人的积极性，但因为这种关心在这里只扩及少数人，所以这种后果只在很小的程度上会出现。不过，毕竟总是会产生这样的结果；它恰恰让内在道德与外在环境之间的冲突不见了，一块消失的还有，它对当事人性格力量以及全体公民仁爱互助的有益影响；还有，这种关心毕竟要应用于特定的个人，那就免不了国家对公民的个人境况进行政治干预——所有这些都是不利影响，只有当我们确信没有这种安排，国家的安全就会受到损害时，我们才能忽略这些不良影响。但在我看来，恰恰是这种必要性应该被合理地怀疑。在一个国家，如果宪法本身并未将公民置于窘迫境况之下，相反像本文所极力鼓吹的那样保证人的自由，那么就根本不可能出现前文所描述的这类情况，即在国家不出手时公民无力互相援助；一旦出现所描述的这种情况，即在自愿互助中找不到有效的补救措施，那必须从人自己的行动中找原因。然则，在这种情况下国家插手干扰人类行动的自然秩序，就是错误的。此外，这种情况毕竟总是很少发生，因此国家没有必要出手干预，而且国家干预弊大于利，其弊端我们已经说过了，此处无需再来详细展开一遍。

第二种预防犯罪的方法意在对人的喜好癖性和激情施加影

119

响，对于这种做法，支持和反对的理由针锋相对。一方面，这种做法的必要性似乎更大，因为对自由的限制越少，享受就会越恣意，欲壑会越来越难填，而对他人权利的尊重，尽管总是随着个人自由的增加而增加，但可能无法充分发挥其在这里的平衡作用。但是，从另一面来说，人的道德本性比身体对任何强加的束缚更为敏感，因此这种做法的弊端也随之增加了。国家旨在提高公民道德水平的努力既不必要也不可取，其原因我在前文已经尝试说明过了。这些理由在这里完全适用，唯一不同的是，国家在这里的目的不是改善一般道德水平，而只是对危及法律权威的特定个人行为施加影响。但是，恰恰是这个差异，让害处的总和增加了。因为，正是它并不能普遍地起作用，导致它必定达不到最终目的，所以它所做的部分好事也不足以抵偿它所造成的损害；然后它的前提是，国家不仅关心个人的私人行为，而且它有权力对此施加影响，考虑到这种权力要委托给人去执行，就更加让人担心。也就是说，必须有一种监督权，要么委托给特别任命的人，要么委托给国家现有的公务人员，对所有公民或在他们管辖之下的人的举止及其地位进行监督。但这就引入了一个新的、比几乎任何其他规则都更具压迫性的规则，给无礼的好奇心、偏执的不宽容甚至虚伪和假装开启了后门。在这里，我不应该为仅仅盯住滥用的情形而受到指责。因为各种滥用与事情本身是连在一起的。我敢断言，即使法律是最好的和最仁慈的，即使监督员只许以合法的方式来问讯，使用完全不加胁迫的建议和劝诫，即使这些法律得到严格遵守，增设这样的机构仍然既无用又危险。每个公民只要不违法，都必须能够不受阻碍、随心所欲地行事；每个人都有权向其他人发出断言，甚至可以针对第三方有可能发出的一切评判发出断言：无论我多么接近触犯法律的危险，我仍然不会屈服。如果他的这种自由受到贬损，那么就是侵犯了他的权利，损害了他的能力的培养和个性的发展。因为可供塑造的道德形象和守法形象是无限不同和多种多样的；如果一个第三方断定这种或那种举止必定会导致非法行为，他只会遵循自己的观点，不管这种观点多么正确，总归只是一个人的观点。但是即使假设他的判断没有错——结果甚至证实了他的判断，即使另一个人这一次因屈服于胁迫或听从建议而放弃内心的信念，没有触犯否则定会触犯的法律，但是让违法者感受一次惩罚的分量，对于违法者本人仍然是更好的，他会获得源自经验的纯粹教训，强过逃脱这桩坏事但思想没有得到纠正、道德感没有得到锻炼。而对社会来说，多犯一次法扰乱了安宁，但随后的惩罚起到了教训和警告的作用，强过虽然这一次安宁没有受到影响，但公民的整个安宁与安全赖以建立的基础——尊重他人的权利——本身既没有变得真正强大，也没有得到增加和提升。

然而，一般而言，这样一个机构，并不容易取得上述效果。正如所有不直接作用于行为的内在根源的手段一样，它只会将违背法律的欲望指向另外的方向，徒生伪饰，从而使危害加倍。迄今为止，我一直局限于这样一种假设，即受托进行这种监督的人不会产生内心的信念，而只是通过外部原因发挥执行人的

121

作用。我似乎无权继续这样的假设。如果执行监督的人能够通过生动的例子和令人信服的劝说，对他的同胞和他们的道德施加影响，这种好处当然是显而易见的，无需我再来多嘴。无论如何，当这样一个机构产生这些结果时，我们这里的推理就是不再适用的。只是在我看来，为此开出一条法律规定不仅是一种不恰当的方法，甚至是一种弄巧成拙的方法。因为，首先，法律本就不是劝荐美德的地方，而只是规定强制义务的地方，而且它经常导致美德丧失，因为只有出于自愿人才乐于践行美德。其次，法律的每一个要求，以及上头依据法律提出的每一个建议，都是一道命令，虽说理论上不要求强制服从，但实际上最后总是得到服从。最后，我们必须考虑有多少情况迫使人们遵从、有多少动机诱使他们遵从这样的建议，甚至完全违背他们的信念。国家对那些负责行政事务的人的影响，以及试图通过他们对其他公民产生的影响，通常就是这种。由于这些人通过特别的契约与国家连在一起，当然不可否认，国家可以对他们行使比对其他公民更多的权利。但是，如果国家忠于最高法律自由的原则，那么除了要求履行一般的公民义务和特定职位所要求的特殊义务，它不会向他们再要求更多的东西。因为，当国家试图通过部分公民与它的特殊关系，获得一些它绝对无权强加给其他公民的东西时，它显然对一般公民施加了过于强大的积极影响。有时国家尚未采取任何真正积极的步骤，人们的热情已老远预见到它；为防止这种自发产生的坏处，也需要充分运用人们的热心和机警。

对于那些因实际违法行为而引起外界对其未来行为的合理担忧的人，国家有更切近的动机，通过抑制出于性格因素的犯罪原因来预防犯罪。这就是为什么甚至最有思想的新立法者也试图把惩罚同时变成改造的手段。于是可以肯定的是，在对罪犯惩罚时，不仅必须消除一切可能对其道德有害的东西，而且只要不违背惩罚的目的，一切纠正他们思想和改善他们感情的手段都可以用到他们头上。但是，即使是对罪犯，也不能强加训导；即使不说正因如此使训导失去了用处和效力，这种强加也与罪犯的权利背道而驰，他们除了忍受法律的惩罚之外，永远不可被迫做任何事情。

还有一种十分特殊的情况，被告虽然有太多于他不利的原因，不能不引起对他强烈的怀疑，但仍不足以因此被定罪（*Absolutio ab instantia*，暂时赦免）。在这种情况下，允许他享有无辜公民的完全自由，就使对安全的关心成为问题，因此，对他未来行为的持续监视显然是必要的。然而，我们曾经举出理由，证明国家的每一项积极努力都值得质疑，并且建议只要有可能，就让公民的个人活动代替国家的活动，正是这些同样的理由，引导我们在这种情况下也倾向于公民的自愿监督而不是国家的监督；因此，最好允许这类嫌疑人提供担保，而不是将他们直接置于国家的监视之下，国家的直接监督只有在无法提供担保的情况下才应采用。我们在英国的立法中找到了这种担保的例子，尽管不是在这种情况下，而是在类似的情况下。

预防犯罪的最后一种方法是，不试图对犯罪的原因采取行动，只尽力阻止犯罪分子的实际犯罪。这对自由的危害最小，因为它对公民产生的积极影响最少。然而，这种方法也或多或少地允许放宽限制。因为国家既可以满足于对任何违法意图保持最严格的警惕，以防止其实施；也可以更进一步，禁止那些本身无害，但却容易导致犯罪或计划犯罪的行为。后面这种做法再次干涉了公民的自由，表明了国家对他们的不信任，这不仅对他们的性格，而且对预期的目的本身都有不利的后果；出于与反对前两种预防犯罪的方法相同的原因，我认为这种做法同样是不可取的。因此，国家为了其最终目的，在不损害其公民自由的情况下，被允许做和能够做的一切都仅限于前面那种做法，即对实际上已经犯下或决心要去犯的每一项违法行为进行最严格的监督；由于这已不能被恰当地称为预防犯罪原因，我想我可以有把握地断言，预防犯罪行为的做法完全超出了国家作用的界限。但是，国家因此必须更加勤勉地注意，不要让任何犯罪未被发现，不要让任何它发现的犯罪未受惩罚，也不要让惩罚低于法律的要求。通过不断的经验坚定了公民心中的一个信念，即他们不可能在不付出同等自身权利的代价下干涉他人的权利。在我看来，这个信念似乎是公民安全的唯一堡垒，也是建立对他人权利不可侵犯的尊重的唯一可靠手段。同时，这也是以符合人性的方式对人的性格发挥作用的唯一办法，因为不能直接强迫或引导人去行动，而只能通过根据事物的本性必然会从他的行为产生的结果去教育他。[3]因此，在预防犯罪上，我不建议采取任何更复杂和人为的手段，除了深思熟虑的良好法律，我再不建议任何东西；在这样的法律下，惩罚在绝对尺度上适应当地情况，在相对尺度上适应罪行的不道德程度；尽可能仔细地调查所有实际的违法行为；法官最终确定的量刑，甚至已经没有任何从轻的可能性。当然，即使这种非常简单的手段见效缓慢，一如我也不想否认的那样，那么从另一方面来说，它却是绝对有效的，对自由没有损害，而且会对公民的性格产生有益的影响。我不需要在这个问题上花更多的时间，来指出这些原则的连带结果，例如，经常观察到的事实，君主的赦免权，甚至减刑权，都必须完全停止。这种结果很容易从原则本身中推出。国家必须采取哪些更为具体的措施，去侦破已经犯下的罪行，或预防刚计划好要去实施的罪行，这完全取决于特别环境下的具体情形。我们只能笼统地指出，在这方面国家也不得超越其权利，因此不得采取任何违背公民自由和国内安全的措施。另一方面，对于最容易犯罪的公共场所，国家可以任命自己的监督员，设立检察官，他们可以凭借其职权对可疑的人采取行动。最后，通过法律责成所有公民协助它开展这项工作，不仅要揭发已经决定但尚未实施的犯罪，而且还要检举已经实施的犯罪及相关的作案人。只是，为了不对公民的性格产生不利影响，国家必须始终把后面这种做法作为一种

124

【3】 人们当记得，这是卢梭的《爱弥儿》的中心教义，在这里被应用于刑法。

义务来要求，而不是通过奖励或好处去刺激它；在公民不打破最亲密的关系就无法履行这一义务的时候，免除他们的责任。

最后，在结束这个主题之前，我还应指出，所有刑法，无论是规定惩罚的法律还是规定程序的法律，都必须不加区别地让所有公民充分知道。我很清楚，相反的做法一再被建议，理由是，不能让公民可以选择，用事先掂量好的惩罚的坏处来换取非法行为的好处。但是，即使永久保密是可能的，即使这种掂量违法之利的做法是多么不道德，国家也不能禁止它，事实上任何人也不能禁止另一个人这样做。我希望，上面已经充分表明，任何人不得对他人施加比后者自己因犯罪而遭受的惩罚更严厉的惩罚。在缺乏法律条款规定的地方，罪犯必须期待的是与他的罪行相当的东西；由于这种估量会因人的性格的不同而有太大的差异，所以很自然地，固定的标准应该由法律来确定，也就是要有一个契约，当然不是确认接受惩罚的义务，而是规定当惩罚被施加时，不可任意逾越界限。在犯罪调查的程序上，将法律本身保密的做法是更加不公正的。在这种情况下，它的目的无非是引起对国家自己都不认为适宜使用的手段的恐惧；国家绝不可通过恐惧来发挥作用，这种恐惧最多只能来自公民对其权利的无知，或不信任国家会尊重他们的权利的感觉。

现在，我从前面的推论中得出每一个刑事立法都必须遵守的如下最高原则：

1. 维护安全的一个首要手段就是惩罚那些违犯国家法律的

人。国家可以对任何侵犯公民权利的行为实施惩罚，而且，只要国家本身仅仅根据这一原则来制定法律，那么违反任何一项法律的行为就都可以受到惩罚。

2. 最严厉的惩罚只能是因时因地尽可能温和的惩罚。比照这种最高惩罚，所有其他惩罚都必须根据所犯罪行中无视他人权利的程度来决定。因此，最严厉的惩罚必须是用来打击那些侵犯国家本身最重要权利的人，对那些只侵犯公民个人同等重要权利的人则给予较轻的惩罚，最后，对那些违犯仅仅旨在防止犯罪的法律的人，则给予更宽大的惩罚。

3. 任何刑事法律都只能适用于故意或过失违犯这项法律的人，并且只适用于罪犯因此表现出的无视他人权利的程度。

4. 在调查所犯罪行时，国家可以使用任何适合最终目的的手段，但不能使用将嫌疑公民视为罪犯的手段，也不能使用侵犯罪犯人权和公民权的手段（对罪犯的这些权利国家必须表示尊重），也不能使用可令国家犯下不道德行为的手段。

5. 国家不得允许自己使用防止犯罪的手段去防止尚未实施的犯罪，因为它能够防止的只能是可被立即犯下的罪行。所有其他措施，无论是为了消除犯罪原因，还是为了防止本身无害但往往导致刑事犯罪的行为，都完全超出了国家的作用范围。如果这一原则与前文所确立的关于个人行为的原则之间似乎存在矛盾，那么不应忘记，前面的问题适用于直接后果可能侵犯他人权利的行为，而我们在这里考虑的是那些如果要有这种效果就必须采取进一步行动的行为。举例来说，不应该以防止

126

杀婴为由禁止隐瞒怀孕（除非我们认为这已经表明了母亲的意图），而倒是可以认定，这是一种本身可能会对婴儿的生命和健康造成危险的行为。[4]

【4】 洪堡对这个问题感兴趣已经有一段时间了。见 R. 勒鲁,《1794年之前洪堡思想的形成》(R. Leroux, *Guillaume de Humboldt. La formation de sa pensée jusqu'en 1794*, Paris, 1932, p.57)。

第十四章

国家对未成年人、疯子和白痴等福利的关心

- 这里提到的人与其他公民的区别
- 关心他们积极福利的必要性
- 未成年人
- 父母与子女的相互义务
- 国家的义务
- 成年年龄的确定
- 监督这些义务的履行
- 父母去世后的监护
- 国家在这方面的监护义务
- 在可能的情况下，将这些义务的具体行使委托给当地社区的好处
- 保护未成年人权利不受侵犯的安排
- 被剥夺了理性的人（疯子、白痴）
- 他们与未成年人的区别
- 从本章中得出的最高原则
- 本章和前四章计划的完成
- 确定本著作与一般立法理论的关系
- 列举所有立法都必须遵循的最高视角
- 每项立法的必要准备工作

到目前为止，我尝试建立的所有原则都以能充分利用自己
成熟智力的人为前提。因为所有这些都完全基于这样一个信念，
即自主思维和自主行动的人，决不能被剥夺经过深思熟虑之后
自愿自主做出决定的权力。因此，这些原则不能适用于像疯子
和白痴这样的人——他们几乎完全被剥夺了理性，或者那些理
性还没有成熟的人——理性的程度取决于身体本身的成熟度。
不管以理智的有无或多少为标准是多么不确定，严格说来多么
不正确，它仍然是唯一可以在一般情况下和判断未成年人时有
效的标准。那么，从最严格的意义上说，所有这些人就需要得
到对他们的身心健康的积极关心，仅仅消极地维护安全对他们
来说是不够的。先来说儿童，他们构成了这类人中最大和最重
要的部分，对他们的关心，根据法律的原则，归某些人即他们
的父母专属。他们有义务抚养自己的孩子直至完全成熟；孩子
未来的一切权利是父母履行抚养义务的必要条件，这是由这一
义务本身产生的。因此，孩子保有有关自己的生命、健康和财
产（一旦他们已经拥有财产）的一切原始权利，甚至在自由方
面也不应受到父母过多的限制，这种限制只限于父母出于孩子
的教育和维护新生的家庭关系而认为必要的程度，而且不应超
过孩子接受教育所需的这段时间。因此，绝不能让孩子忍受超
出这一时段甚至后果可能延伸到他们一生的强制行为。例如，

绝不能接受包办婚姻，或被迫从事任何特定的职业。随着孩子年龄的成熟，父母的权力就必须完全停止。因此，一般说来，父母的义务在于，通过对孩子身心健康的个人关心，以及通过向他们提供必要的手段，使他们能够根据自己的选择开始自己的生活方式，他们在这种选择中只受他们个人条件的限制；另一方面，孩子的义务在于，尽一切必要的努力让父母能够履行他们的职责。这些义务可能和必定要包括的详细内容，这里就不一一论列了。对此的考察毋宁说属于实际立法理论，甚至在立法理论中也不能完全找到其位置，因为它在很大程度上取决于特别情境下的具体状况。

那么，国家显然有责任保障儿童依恃父母的权利的安全，因此它必须首先确定一个法定的成熟年龄。当然，这不仅会因气候甚至时代的不同而有所不同，还要根据个体情况而有所区别，后者取决于他是否具备所要求的多少可算成熟的判断能力，这当然会对此产生影响。然后，国家必须防止父权超过限度，给予最严密的监督而不可松懈。然而，这种监督绝不能积极地去规定父母对子女的某种教育和抚养，而只能总是消极地使父母和子女相互遵守法律为他们确定的界限。因此，要求父母不断地报告履责情况，这似乎既不公正也不可取；必须相信他们不会忽视履行如此关乎于心的一项义务；只有在已经发生或即将发生真正违反这一义务的情况下，国家才有权干涉这些家庭关系。

父母去世后，子女的抚养责任应该落在谁的身上，这并

不是自然法原则所明确规定的。因此，国家有责任决定将监护权移交给哪个亲属；或者，如果他们中没有人能够承担监护责任，就由国家来决定选择一位其他公民。国家还要规定监护人资格的必需要件。由于监护人承担着父母的责任，他们也就行使着父母的一切权利；但是，由于他们无论如何与被抚养者的关系不那么亲密，他们无权要求得到同等程度的信任，因此国家必须加倍监督他们。他们也必须不间断地被问责。国家施加的哪怕是间接的积极影响越少，它就越符合我们所提出的原则。国家必须尽可能为临终父母自己、在世亲属或被寄养人所属社区选择监护人提供便利，只要不出对儿童的安全关心所允许。一般说来，比较可取的做法是将所有个别的监护权委托给相关的社区；社区的措施不仅总是更适合被监护人的个人情况，而且更加多样化，而不是整齐划一，只要总的监护权仍在国家手中，被监护人的安全就会得到充分保障。

除了这些安排之外，国家不仅应该满足于像保护其他公民一样保护未成年人免受他人攻击，而且还必须在这方面走得更远。上文指出，每个人都可以根据自己的自由意志决定自己的行为和处置财产。这种自由对于那些判断能力尚未成熟的未成年人来说，在很多方面都是危险的。确实，父母或监护人有责任避免这种危险，他们有权引导未成年人的行为。但是国家必须在这方面帮助他们，并在他们的行为造成有害后果时宣布他们的行为无效。国家必须通过这种方式，防止其他具有自私动机的人欺骗他们或让他们做出令人吃惊的决定。如果发生这种情况，国家不仅要敦促赔偿损失，还要惩罚犯案人；从这个角度来看，某些原本处在法律作用范围之外的行为，就可能会受到惩罚。在此我可以拿非法性行为为例，根据这里的原则，如果一个人与未成年人发生性行为，国家必须惩罚犯罪者。但是，由于人类的行为需要许多不同程度的判断力，而判断力只能逐渐成熟，因此在判定各种行为的有效性时，最好将它们与未成年人成熟的不同时期或阶段联系起来。

130

我们这里就未成年人情况所说的话，也适用于白痴和疯子。唯一不同的是，他们不需要抚养和教育（只是人们不得不用"教育"一词来命名为使他们恢复理智所做的努力），而只需要关心和监督；在这种情形下，对于他们可能对他人造成的伤害，仍然必须首先加以防止；他们通常处于既不能发挥个人力量也不能享受财产的状态，但切不可忘记，既然他们还有可能恢复理智，只可拿走他们自身权利的暂时行使，而不可剥夺这种权利本身。我当前的目的不允许我进一步讨论这个问题，因此我可以用以下一般原则的陈述来结束这个主题——

1. 那些完全没有智力应用能力的人，或者尚未达到拥有智力所必需的年龄的人，需要特别关心他们的身体、智力和道德健康。这些人是未成年人和丧失了理性能力的人。先来说未成年人，然后再来说丧失理性能力的人。

2. 就未成年人而言，国家必须确定未成年的期限。为了避免出现严重的不利，这个期限既不能定得太短，也不能太长，需要根据民族条件的具体情形来定，而身体的完全发育可以作为一个近似的参考标志。宜安排若干时段，逐步扩大未成年人的自由，减少对他们的监督。

3. 国家必须监督父母严格履行对子女的义务——在他们的条件允许的情况下，使他们在成年后能够选择和开始自己的生活方式；也必须监督子女严格履行对父母的义务——尽一切所能使父母能够履行义务；同时也不应该允许任何一方超越履行相互义务所赋予的权利。然而，它的监督必须仅限于此，任何想在这方面取得积极结果的努力，如鼓励儿童在某方面能力的特别发展，都超出了国家作用的界限。

4. 在父母去世的情况下，必须指定监护人。因此，国家必须确定选择监护人的方式，以及他们所需的资格。但是最好规定由父母生前自己指定，或者由在世的亲属指定，或者由未成年人所属的社区指定。对监护人的履责行为，需要更加严格和加倍警惕的监督。

5. 为促进未成年人的安全，防止他们的经验不足或轻率被利用而对他们不利，国家必须宣布他们为自己做出的、其后果可能对他们有害的行为无效，并且惩罚那些以这种方式利用他们的人。

6. 这里所说的关于未成年人的一切也适用于那些丧失理智能力的人，只是事情本身的性质有所不同。此外，在法官的监督下由医生做出检查、正式宣布某人丧失理智能力之前，不得将任何人视为这样；并且再一次，必须始终将这种不幸本身视为暂时的，理智的恢复是可能的。

131

我现在已经考虑了国家作用应该指向的所有目标，并尝试提出在每种情况下应该遵循的最高原则。如果这项尝试看起来并不完美，如果我似乎遗漏了立法中的许多重要主题，那么不要忘记，我无意构建一种立法理论（这是一项超出我知识和能力范围的任务），而只是强调立法在其各个分支中可能扩展或必须限制国家作用的程度。因为，立法可以根据其对象来细分，也可以根据其来源来细分；后一种细分也许更有成效，尤其是对立法者本身而言。在我看来，显然只有三个这样的来源，或者更准确地说，有三个体现法律之必要性的主要视角。立法总体上意在规定公民的行为及其必然后果。因此，第一个角度是这些行为本身的性质，以及完全根据正义原则而来的行为后果的性质。第二个角度是国家的特定目的，即它限制自身作用的界限，或者它规定将这种作用扩展到何种程度。最后，第三个角度出自，为了维护整个国家结构本身，以便其有可能实现自身目的所必需的手段。每一项可以想到的法律都必须特别适合三种角度之一；但是，任何一项法律都必须综合考虑这三者才可以给出，而恰恰是角度的片面性构成了某些法律中非常重大的缺陷。从这个三重性的视角来看，每一项立法都有三个非常必要的准备工作：1. 完整的一般正义理论。2. 完整阐述国家应该为自己设定的目的，或者基本上一个意思，严格界定其作用的界限，或者阐明某个政治共同体实际追求的特殊目的。3. 一种关于维持一个国家所必需的手段的理论，鉴于这些手段一方面用来维持国家内部稳定，一方面用于实现国家作用，所以这里需要的就是一种政治和财政理论；或者这么说吧，对过往选择的政治制度和财政制度加以阐释。在这个允许多种细分的概述中，我注意到，只有第一条是永恒的，就像整个人类的本性一样，是不可改变的，而其他两条则允许各种各样的修正。然而，如果这些修正不是从所有这些方面的综合普遍考虑出发，而是根据其他更偶然的情况做出的，例如，如果一个国家有不能动摇的政治制度，如果财政制度也是不许改变的，那么上述第二条就会陷入十分严重的逼仄境地，甚至往往第一条也会受到牵累。许多政治缺陷的原因，正可以追溯到这种立法冲突和其他类似的冲突。

因此，我希望，我在尝试确立上述立法原则时，所提出的意图已得到充分的确证。然而，即使有这些限制，我也远远没有为这一意图的成功而自鸣得意。或许，所立原则的正确性总体上是无可置疑的，但其必要的完整性和精确的界定，无疑还是欠缺的。同时，为了建立最高原则，尤其是为此目的，有必要深入最严格的细节。但这在我这里是不允许的，根据我的意图，即使我立即尝试尽我所能为此构思一番，仿佛我写下的一点是个准备工作一样，这样的努力也永远不会在同样的程度上取得成功。因此，提出一个仍需填充的主题，而不是由我自己充分展开它的整个内容，于我来说已经心满意足了。不过，我仍然希望，我所说的那些话，足以使我在整篇文章中表明的实际意图更加明确，即国家要考虑的首要问题必须始终是有个性的个体公民力量的发展。因此，除了公民自己不能提供的东西

133

即促进安全之外，国家绝不可把其他任何东西作为它作用的对象；这是唯一真正和可靠的手段，用以将两个表面上不相容的事物，即整个国家的目的和公民个人所有目的的总和，通过牢固持久的纽带以友好的方式联系起来。

/////////////////////////////////

第十五章

维护国家的措施

- 理论展开的结论
- 财政机构
- 国内政治体制
- 从法律角度对所提出理论的思考
- 整个理论的主要观点
- 历史和统计在多大程度上可以为这个理论提供支持?
- 区分"公民与国家的关系"和"公民之间的关系"
- 这种区分的必要性

根据我在前面那章[*]提出的整个计划，我现在已经完成
了剩给我的全部任务，可以说，我已经在我的能力允许的情况
下，全面而各个击破地回答了我们手上的问题。因此，如果我
不是必须提及另外一个连带主题的话，我本可以在此就结束了；
这是一个对迄今所说的内容有着非常重要影响的主题，我指的
是为实现国家本身的作用乃至为确保国家生存而必需的手段。

　　即使为了实现最有限的目的，国家也必须有足够的收入。
我对财政问题甚至一窍不通，使我无法在这里长篇大论一番。
而且根据我所选定的计划，这样做也是没必要的。因为我在一
开头就指出，我所论并非根据国家碰巧掌握多少有效手段来
确定国家的目的，而是国家的目的决定了其所能使用手段的多
寡。[1]出于前后文的一致，我必须指出，即使在财政制度中，
我们也不能忽视考虑国家里人的真正目的，以及由此产生的对
国家目的的限制。即使粗略地瞥一眼那么多警察机构和财政机
构的交织，也足以说明这一点。在我看来，国家只有三个收入
来源：1. 为国家所保留或随后获得的财产；2. 直接税；3. 间接
税。所有掌握在国家手中的财产都有其害处。我在前文已经谈

到过，国家之为国家，总是具有过大的力量；如果它成为财产所有者，它必定要进入许多私人关系。也就是说，一个仅仅出于安全需要才被允许的国家权力，在根本无关安全的事务中取得了它的影响力。间接税同样有有害的后果。经验告诉我们，这就需要不知多少机构的安排和增加，而这无疑是前面的推理所不能认可的。所以剩下的只有直接税。在所有可能的直接税制度中，重农主义[2]无疑是最简单的。但是，正如经常的反对意见所说，在这样一个征税制度中，一个最自然的产品被忽略了；我指的是人力，在我们的制度下，人力的劳动和工作也是一种可支配的商品，因此也必须缴纳直接税。然而，即使我们只剩下的这个直接税制度没有被不公正地谴责为所有财政制度中最糟糕的和最笨拙的，我们也不要忘记，一个其作用受到了如此严格限制的国家，是不需要巨大的收入的，而且，一个除了公民的利益之外没有自己特殊利益的国家，更有保证得到自由的国民的支持，根据一切时代的经验，也就是得到因自由而富裕的国民的支持。

正如财政机构的设置会妨碍应用我们提出的原则一样，内部政治宪法的安排同样如此，或许还更甚。因为必须有一种手段，将国家的统治者和被统治者联结起来，保证前者拥有被赋予的权力，后者享有留下的自由。为了实现这一目的，不同国家采取了不同的方法：或是强化政府的有形权力——当然这对

【2】重农主义者认为只有土地是有生产力的，因此主张征收土地税。

自由是危险的，或是让诸多并立的权力彼此竞争，或是在国民中传播有利于宪法的精神。这最后一种方法，尽管尤其在古代曾经塑造出优美的形象，但很容易损害公民的个性发展，往往会产生片面性，因此在此处所提的制度安排中是最不可取的。相反，根据这一点，必须选择这样一种政治宪法，它将对公民的性格产生尽可能小的积极的特殊影响，除了对他人权利的最高尊重，以及对自己自由的最热烈的爱之外，不会产生任何东西。我在这里不是要来考察这会是哪一种可以设想的宪法。这样的考察显然只能属于某种关于政体本身的理论。我最多做一点简短的评论，这些评论至少更清楚地表明了这样一种宪法的可能性。我提出的这个制度，增强甚至加倍了公民的私人利益，似乎正因如此，公共利益被削弱了。但它也让后者跟前者啮合得更紧密，甚至后者只是建立在前者的基础之上，事实上正如每个公民——因为每个人都既希望安全又希望自由——所承认的那样。因此，正是在这种制度下，对宪法的热爱得到了最好的维持，人们经常试图通过十分造作的手段来制造这种热爱，但却是徒劳的。那么，这里紧接着会有的情况是，既然国家应该发挥较小的作用，那么就只需要较小的权力，而较小的权力也只需要较小的防御力量。最后，不言而喻，正如有时必须牺牲力量或享乐，以免两者遭受更大的损失，这同样始终适用于这里。

现在，我已经彻底解答了我提出的问题，尽我所能，为国家在各方面的作用划出了范围，为它加上在我看来既有益又必要的限制。在做这件事时，我只选择了最优视角；与之相伴的合法性视角，可以说也并不是无关紧要的。只要一个政治共同体真正自愿规定了某个目的，自愿规定了其作用的界限，那么这个目的和这些界限当然就是合法的，只要做规定者足以胜任做出规定。如果没有对目的和界限做出这种明确的规定，国家自然必须设法使其作用回到纯粹理论规定的限度，但是也要考虑到面临的障碍，忽视障碍只会带来更有害的后果。国民始终可以要求采纳这个理论，只要前面的障碍不至于让理论变得不可行，过此界限则不可以。我在前面没有提到这些障碍；到目前为止，我只满足于展开纯粹理论。总的说来，我所尝试的是在国家里为人找到最有利的位置。在我看来，这就在于，最多彩的个性和最具原创力的独立，要与个人之间同样最多彩和最亲密的结合并立——这是一个只有最高度的自由才能解决的问题。一个国家机构的设立，应该尽可能少地限制这个目的的实现，指出这一点正是本书写作的意图所在，也是我长期以来所有思考的主题。如果我已经证明，这一原则至少应该作为所有国家机构的理想摆在立法者面前，我就心满意足了。

这些想法可以从历史和统计中获得有力的说明，二者都指向这个最终目的。[3] 总的说来，我经常感到，统计需要改革。统计不是仅仅给出一个国家的面积、人口、财富和工业的单纯

【3】译按：作者这里的意思是，历史和统计都可以从人的发展的最终目的这个角度来对待，下文只举了统计为例，历史的例子见下一章。英译本删除了后面这句插入补足语。

数据，从这些数据中永远不能完全可靠地判断国家的实际状况；而是应该根据该国及其居民的自然性质，一步步说明他们的活力、耐力和享受能力的水平和性质，[4]并一步步说明这些力量随着国民自身内部联合乃至成立国家机构而表现出的变化。因为国家宪法和政治联合，无论多么紧密地交织在一起，都不应该混淆。如果说国家宪法无论是通过强权和暴力，还是通过习俗和法律，引导公民建立某种关系，那么还有另外一种可由公民自由选择、无限多样和经常变化的关系。事实上，正是后者，即国民之间的自由作用，保存着引导人们进入社会时所渴望的所有好处。实际的国家宪法，鉴于它的目的，从属于后面这种关系，它总是仅仅作为一种必要的手段而被选择的，并且因为它总是关联着对自由的限制，所以也是作为一种必要的恶而被选择的。因而，把国民的自由作用与国家宪法的强制作用混为一谈，会给人民的享受、力量和性格带来有害的后果，展示这些后果正是本书写作的第二个意图所在。

138

【4】 后来，洪堡在他的《比较人类学计划》（1795）中进一步阐述了这些建议。

//

第十六章

前面所提理论的实际应用

- 理论真理与现实应用的关系
- 慎之又慎的必要性
- 在每一次改革中，新的状态都必须与之前的状态相联系
- 如果改革从人们的头脑开始，就能最好地实现
- 从上述立场得出的所有改革应该遵循的原则
- 将这些原则应用于本项研究
- 所建立的体系最突出的特点
- 在实施过程中可能遇到的危险
- 在尝试实现它时循序渐进的必要性
- 应遵循的最高原则
- 这一原则与本书所提出理论的基础原则之间的联系
- 由这种联系推出的必要性原则
- 相同的优点
- 结论

与人有关，尤其是与行动的人有关的真理的每一次展开，都会导致一种愿望，即渴望看到理论上已被证明是正确的东西，也能在现实中实现。这种愿望合乎人的本性，人很少会满足于纯粹理念不声不响的惬意祝福；而且随着人对社会福祉表现出热衷参与的仁人之心，这种愿望变得愈发强烈。但是，无论它本身多么自然，无论它的起源多么高尚，这种愿望经常导致有害的后果，而且往往比冷淡的漠不关心更有害，或者反过来也有同样的效果，它导致炽烈的狂热，不关心现实，只醉心于纯粹的理念之美。因为一旦真理深深扎根于人性，即使只存在于一个人身上，它总是会传播开来，尽管是缓慢而悄无声息地，对现实生活产生有益的影响；反之，那些直接转入现实的东西，在转移过程中经常走形，甚至无法再感染人的思想。因此，有些理念是圣哲贤士永远不会去追求实现的。的确，对于精神所能结出的最美丽最成熟的果实来说，现实在任何时候都是不够成熟的；对于无论任何类型的艺术家来说，理想都只能作为一个不可企及的模型，永远漂浮在他的心灵面前。那么，鉴于这些原因，哪怕是最无可怀疑、最前后一致的理论，在应用于实际时，都需要慎之又慎；这更加促动我在完成整个工作之前，尽可能充分而又尽可能简短地检查一下，这里在理论上展开的原则能在多大程度上转化到现实中去。这个检查也将保

护我免受指控，仿佛我想通过前面所写的东西直接为现实规定
规则，甚或不赞成任何与我所主张的相反的东西——即使我确
信我所说的一切都是完全正确和无可置疑的，我也对这种假设
避得远远的。

现状的任何一次转变，都必然是新加之于旧。人们处身其
中的每一种环境，围绕着他们的每一个物体，都会在他们的内
心中产生某种固定的形式。如果人们强行加上一个不适合的形
式，那么不但这种形式不能转变为其他任何一种可由人自主选
择的形式，而且，也扰乱了他的目的，扼杀了他的力量。如果
我们看一眼历史上最重要的革命，立刻就会发现，它们中的绝
大多数源于人类思想的周期性革命。我们会更加肯定这一点，
只要想一想真正给世界带来一切变化的力量，并且看到其中人
类的力量占有主要的份额；在这方面，物理自然由于其匀质而
永恒的循环，就没那么重要，而无理性的生物本身也是微不足
道的。人的力量[1]在一个时期内只能以一种方式表现出来，但
这种表现本身却可以无限多样变化；因此，它每时每刻都表现
出单调片面，然而，通过一系列不同的时期，它却能够提供一
幅绝妙的多彩画面。每一个先前状态要么是随后状态的全部原

【1】 接下来的一段话吸收了洪堡早期文章中已经提出的论点，即《关于宪法的
思考》（*Ideen über Staatsverfassung*）和《论人类力量发展的规律》（*Über
die Gesetze der Entwicklung der menschlichen Kräfte*, 1791），并预示了后来
他在《比较人类学计划》（*Plan einer vergleichenden Anthropologie*, 1795）和
《关于世界历史的反思》（*Betrachtungen über die Weltgeschichte*, 1814）中提
出的论点。这些文章没有一篇是在他有生之年发表的。见英文版编者导论，
第 xviii, xxi 页。

因，要么作为一种限制因素，是逼迫产生后面这个东西的外部环境压力。因此，正是前一状态及其所接受的变化，决定着新环境如何作用于人，其决定力量之大，足以令新环境本身经常被完全改变了模样。因此，我们就可以说，世界上发生的一切都是好的和有益的，因为是人的内在力量在支配着每一件事物而不管其性质如何，这种内在力量，无论其表现形式为何，都可以产生有益的作用，每一种表现都在不同程度上从某一方面增强了人的力量，或为人提供了更多的教育。更进一步说，也许整个人类历史都可以仅仅被视为人类力量革命的自然结果；这不仅可能是对历史最有教育意义的处理，也将教会每一个试图影响同胞的人，哪种途径是他可以用来引导人类进步的，哪种途径是他根本不可指望的。因此，人的这种内在力量，一方面通过其引人敬重的尊严，值得我们给予其最高的考虑，另一方面通过它那使一切其他事物臣服的强力，要求我们给予这种考虑。

那么，无论是谁想把一个新的事物状态巧妙地嫁接到先前的状态上，都绝不该忽视这一重要事实。因此，他必须首先等待现状对心灵的全部影响；如果他想快刀斩乱麻，他也许能改变事物的外部形态，但永远不能改变人的内在性情，反之，这种性情重又进入所有粗暴强加于它的新东西中。人们也不该认为，一个人越是让现状对他发挥作用，就越是反对任何随后的改变。在人类的历史上，恰恰是极端的东西彼此最紧密地相连；如果任其自然运转，每一个外部状态非但不会自我巩固，反而会走向消亡。这不仅为所有时代的经验所证明，而且也符合无论积极还是消极的人类本性，因为积极活跃的人，找到所需的东西就走，不会在一件事物上浪费太多的精力，当其不受干扰，最易见异思迁，而消极被动的人，虽然持续的压力会使他的力量变得迟钝，但也会使他的压力感觉变得更为沉重。但是，即使不去触动事物的现有状态，也有可能对人的精神和性格产生影响，给他们一个改变现状的方向；这正是圣哲贤士想要去做的事情。只有这样，新计划才有可能在现实中完全按照设想中的来实施；而其他任何一种办法，除了扰乱人类发展的自然进程因而必然造成损害之外，还会由于先前状态在现实或人的头脑中的残留，而被修改、被变更、被扭曲。但是，如果这个障碍已经从道路上清除，即如果新定的事物状态能够完全表现它的效果，不受从前状态的阻碍，也不受从前状态导致的当前状态的阻碍，那么，就再不许任何东西阻碍改革计划的实施。因此，有关所有改革的理论的最普遍原则，就可以归结为以下两点：

1. 人们在将纯粹理论的原则付诸现实之前，应该确保，在现实中已经完全不存在任何障碍，阻止该理论的各种原则在没有任何外来干预的情况下总会产生的效果。

2. 为了实现从目前状态过渡到新决定好的状态，让每一项改革尽可能先在人们理念和头脑中进行。

就上述纯粹理论的原则而言，我总是处处从人的本性出发，而且在这上面我并没有假设一个超乎寻常的标准，而是只以一般力量尺度为前提；虽说如此，我一直以来想到的人，只是某个必然会有的形式下的人，尚没有被某种特殊的社会关系以这种或那种方式所塑造。但是，没有一个地方的人是这样存在的，任何情况下他生活的环境都已经给了他某种或多或少偏离标准的特定形式。因此，每当一个国家根据正确理论的原则，考虑扩大或限制其自身作用范围时，它就必须格外注意这一特别形式。在国家管理这一点上，理论和现实之间的差距，正如可以很容易预见的那样，在在是由于缺乏自由的缘故，因此，似乎摆脱束缚在任何时候都是可行的，在任何事情上都是有益的。但是，不管这一论断本身多么正确，人们切不可忘记，束缚之为束缚，一方面确实压制了人的力量，另一方面却也会成为激发人的活力的材料。在本文的开头，我已经指出过，人类更倾向于支配，而不是自由；一座支配结构不仅使树立和维持它的支配者感到高兴，甚至连被支配者也因为能成为一个整体的成员而感到振奋，这个整体的存在超出了单单一代人的寿命和力量。因此，无论哪里只要这种观点仍在盛行，如果强迫人人只从自己出发，只在他个人力量所及的范围内活动，只为他自己的一生工作，那么，人的活力必然消失，懒散和无所作为就会随之而来。诚然，这确实是人类能够在无限时空发挥作用的唯一方式，但他发挥作用并非如此直接；他撒下自我发展的种子，而不是建造起留下双手痕迹的大厦；需要一种更高程度的教养，才能乐见这种活动，这种活动只造就活力，放手让活力自己产生结果，

143

这样的教养不以直接生成结果为乐事。这种教养程度代表了自由的真正成熟。但是，完美的成熟在任何地方都是找不到的，在这一点上，我相信，感性的人类是永远无法企及的，尽管他们是如此渴望走出自我。

那么，想要做出这种改革[2]的政治家需要做些什么呢？首先，他在现存事物的自然进程之外启动任何一个新的步骤，都需要严格遵循纯粹理论的指导，有一种现状是他必须考虑到的，即在这种当下情形下，如果一个人试图把改革加诸其上，改变后的情形会部分或全然破坏理论的应有结果。其次，他必须允许一切根据现状对自由做出的限制保持不变，直到人们通过明确无误的迹象表明他们把这些限制视为羁绊，他们感受到了限制的压迫，也就是表明他们在这些方面增加自由的时机已经成熟；一旦这些条件具备，他必须立即移除限制。最后，他必须动用任何可用的手段促进人们在自由上的成熟。这最后一项无疑是最重要的，同时也是这个体系里最简单的。因为没有什么比自由本身更能促进这种为着自由的成熟。那些经常利用这种不成熟作为借口让压迫继续下去的人，不会承认这种说法。但在我看来，这是从人的本性中无可辩驳地得出的结论。无力勉行自由，只能源于智识和道德力量的缺乏；这种不足只能通过增进来消除；但是增进智识和道德的力量需要实践，而自主活动的实践又呼唤自由。诚然，

_____

【2】 手稿中这里的"改革"被替换为"革命"。[L]

当一个戴着枷锁的人并没有感觉到枷锁的存在，打开他的枷锁便谈不上给予自由。但是，世界上没有一个人，无论他如何被天赋所忽略，无论他如何被境遇所贬低，会对加在自己身上的所有枷锁真的一无所感。所以，让我们慢慢地一个一个去打开它，随着自由的感觉在他心中被唤醒，我们采取的每一步都会加速这一进程。还有一个巨大的困难，那就是怎样识别这种觉醒的标志。但是这种困难既不在于理论，也不在于其实行，具体实行当然不容许特殊规则，而在于这完全是天才的工作，无论在其他任何地方还是在这里，都是这样。从理论上说，我会试着用下面的方式，把这个非常困难的事情说清楚。

立法者应该始终盯住两件事：1. 展开得细到不能再细的纯粹理论；2. 他打算要去改革的具体现实的状况。对于理论，他不仅必须明了其以最精确最完整方式展开的所有部分，而且还必须对每一个单独原则的必然结果做到心中有数，既看到作为整体的结果，又看到诸多结果的多重交织，以及结果之间前后相继的相互依赖，如果不是所有的原则都可以一下子实现的话。同样，尽管事情无疑是无限困难的，他还必须了解现实的状况，了解国家对公民施加的所有限制，了解公民对他们自己施加的限制（在施加这种自我限制时，他们反对理论的纯粹原则而以国家的保护为后盾），以及这些限制的所有后果。他现在必须把两幅画面相互比较，然后将理论原则转化为现实的那个时间点就会出现了：如果在比较中可以发现，即使在转化之后，原则也仍将保持不变，而且恰好产生第一幅画面所表现的结果；或者，即使情况并非完全如此，也还是可以预见，如果让现实更加靠近理论，则这种缺陷就将得到弥补，那也足够了。因为这个最终目标，这种无限接近，必将不断吸引立法者的目光。

　　这种形象化再现的想法似乎显得很奇怪，甚至奇之又奇、怪之又怪；人们可能认为不可能让这些画面保持真实，更不用说可以精确地进行比较了。所有这些反对都言之有据，但是只要人们想一想，理论总是只要求自由，而现实之区别于理论，就在于它只会表现出强迫，那么这种反对就失去了大部分力量；人们之所以不把强迫兑换为自由，原因不外乎其不可能性，而这种不可能性，根据事情的性质，只能是下面两种情况之一：要么是人或环境还不适合接受这种自由，换句话说，无论是出自理论还是出自现实的自由，都会摧毁现有成果，而没有这些成果，不仅仅是自由，就连生存本身都变得不可想象；要么是自由不会产生有益的结果（这是仅仅理论方面特有的后果），本来这些有益的结果应该总是伴随着自由。不过我们无法判断到底是哪一种情况，除非我们最充分地想象实际的情况和变化的情况，并仔细比较它们的形态和后果。这个困难还可以变得更小，如果我们想到，国家本身从来没有能力进行任何重要的变革，直到它观察到，公民自身的迹象表明，有必要在他们不堪重负之前解除他们的枷锁，因此可以说，国家只是一个旁观者，即使出现解除对自由的限制的情况，也只需要计算其可行与不可行，因此仅仅需要根据必要性来决定。最后，我几乎没有必要特别指出，我们这里谈到的仅仅是，国家不仅可以在物质上而且可以在道德上加以改变的情况，也就是说，那些不违背正义原则的情况。不过，联系到后面这个限定，我们切不可忘记，自然和普遍的正义是其他一切实定法的唯一真正基础；因此，我们必须在所有情况下回到这一点，归根结底要引证一个法律原则，一个可以说是一切其他原则来源的法律原则，即任何人都不得在任何时候或以任何方式，在未经他人同意或违背其意愿的情况下，获得处分他人力量或财产的权利。

基于这个假设，我大胆提出以下原则：

联系到国家作用的界限，国家必须使事物的实际情况接近正确与真实的理论，只要这为可能性所允许，并且国家也没有真正必要性的理由出手阻止；不过，这种可能性基于这样一个事实，即人们对理论所一直教导的自由足够敏感，自由能够产生在没有障碍时总是伴随着它本身的有益结果；而反对国家出于必要性出手阻止的理由在于：自由一旦被给予，并不会破坏那些不仅为所有更大进步提供着条件，而且攸关生存本身的现有成果。两者都必须始终根据对当前形势和变化后的形势及其后果的仔细比较来判断。

这一原则完全产生于将前述关于所有改革的最普遍原则应用到这种特殊情况。无论是对自由尚不敏感，还是说现有的必要成果会受到自由的损害，现实总是阻止纯粹理论的原则产生应有的结果，即在没有外来干预的情况下总是会产生的那些结果。我不打算进一步展开这个原则。诚然，我可以继续对各种可能的现实情况分门别类，并演示理论在这些情况中的应用。但如若这样，我的做法就违背了我自己的原则。因为我已经说过，任何这样的应用都需要在最精确的脉络中对整体及其所有部分进行概览，这样的整体不能仅仅通过假设来建立。

这就是我们为国家实际行为设定的规则，如果再合上前面所展开的理论加给国家的规则，我们将会得出结论，国家的作用总是只能由必要性所决定。我们的理论只允许国家关心安全，因为安全本身是个体的人无法单独获得的，因此只有对安全的关心是必要的；实际行为规则约束国家严格遵守理论，只要现状并没有迫使国家偏离这个理论。因此，这就是必要性原则，本文所呈现的所有想法可以说都是力争接近这一最终目标。在纯粹理论中，这种必要性的界限完全是由人之为人的特有本性决定的；而在应用中，现实的人的个性加入进来发挥作用。我认为，这一必要性原则，应该成为一切作用于人的实际努力的最高规则。因为这是唯一能带来可靠无疑的结果的规则。而可能与此相反的有用事物，不容许做出如此纯粹肯定的判断。它需要对可行与不可行进行计算，那么从这种或然性的本质来说，它就不可能是绝不出错的，即使抛开这一点不讲，它也总是有被最微小的不可预见的情况挫败的风险；反之，必要的东西本身就给人以力量的感觉，而且必要性

所要求的东西，总是既有用又绝对不可或缺的。还有，有用的
东西，因为其有用的程度可以说是无限的，就总是不断需要新
而又新的安排，而必要性所需要的东西有其限度，通过给个人
力量留出更大的活动余裕，它本身所需要的东西就减少了。最 147
后，对有用性的关心，多数会导致采取积极的安排，而必要性
大多只要求消极的措施，因为，考虑到人的自发活动的力量，
必要性通常不需要任何东西，只需要把人从束缚他的枷锁中解
放出来。

出于所有这些原因——更详细的分析可能会补充一些其他原因——可以看到，再没有其他的原则，如此符合我们对自主行动的人类个体的崇敬，以及由这种崇敬所激发的对自由的重视。最后，确保法律的权力和权威的唯一绝不出错的方法，就是让法律仅仅出于这一原则。已经有许多方法被提出来用以达到这个最终目的；作为最可靠的手段，人们尤其想说服公民相信法律的善意和有用性。但是，即使人们承认法律在特定的情况下拥有这类品质，也总是很难让他们相信一种机构设置的有用性；不同的观点对此给出不同的意见；人的喜好禀性本身也抗拒说服，因为任何人无论多么渴望获得自己认为有用的东西，也总是不愿意接受强加给他的东西。反之，当必要性抬出它的辕轭，每个人都心甘情愿地低下头。尽管如此，在复杂的情况已经在眼前时，更难的事情是，如何确切地洞察什么是必要的；但是，正是通过遵循这一原则，情况变得越来越简单，这种洞察也越来越容易。

我现在已经全部走完了我在这篇文章开头标画的那片原野。自始至终，我感觉到自己备受鼓舞，心中充满了对人的内在尊严和自由的最深切的尊重，只有自由才配得上这种尊严。但愿我提出的思想，和我赋予它们的表达，没有辜负这种感觉！

（全书完）

附　录

（弗里德里希·）威廉（·克里斯蒂安·卡尔·费迪南·）
冯·洪堡男爵小传
（Friedrich）Wilhelm（Christian Karl Ferdinand）
Freiherr von Humboldt

1767年6月22日生于波茨坦；1835年4月8日死于柏林附近的泰格尔。

一位军官的儿子，与他的兄弟亚历山大一起由私人教师带大，这些私人教师是从柏林启蒙运动的领袖人物中挑选的；基础教育由 J. H. 坎佩（J. H. Campe）等授予完成。在学习了自然科学和希腊语、拉丁语和法语之后，他获得了政治学和哲学的入门知识，并阅读了莱布尼茨的主要著作。

在柏林，他经常去马库斯和亨丽埃特·赫茨的沙龙；通过赫茨，他认识了布兰德尔·维特（后来的多萝西娅·施莱格尔，弗里德里希·施莱格尔的妻子）、伦盖菲尔德姐妹（妹妹夏绿蒂于1790年与席勒结婚）和他未来的妻子卡罗琳·冯·达赫罗登。

在奥得河畔法兰克福学了一个学期后，他转到哥廷根大学学了三个学期，学习古典语文学和自然科学（跟随利希滕贝格），阅读康德作品，并与奥古斯特·威廉·施莱格尔和弗里德里希·海因里希·雅科比成了朋友。

1789年8月，他和坎佩一起访问了革命中的巴黎、莱茵兰和瑞士。

1790年1月他进入柏林的普鲁士公务员队伍，同年成为公使馆参赞和见习法官，1791年5月主动离职。

1791年6月结婚，随后几年在他妻子位于图林根的家族庄园度过；在那里，他与歌德和席勒有了更密切的接触。

1794年6月，他搬到耶拿，在那里他担任席勒的重要顾问和助手，后来还担任歌德的顾问和助手；他的创造性批评伴随并催生了席勒的美学著作和哲理抒情诗，以及歌德的《赫尔曼和多萝西娅》；他为席勒的《季节女神》（*Die Horen*）写了两篇文章。他与弟弟亚历山大和歌德一起参加了比较解剖学的讲座。

1797年秋天，他和家人搬到巴黎，从那里他做了两次更长的旅行（1799年11月到1800年4月在西班牙，1801年春天在巴斯克地区）。他与法国主要政治家和知识分子（其中包括德·斯塔尔夫人）保持联系。巴斯克语的发现和研究标志着他自己展开的对语言和语言学理解的突破，并在其中找到了持续一生的工作。

从1803年到1808年底，他是普鲁士驻罗马教廷大臣特使；在此期间，他处理巴斯克语以及美洲印第安语和希腊语的翻译；他在格雷戈里安娜别墅的住所是艺术家和学者的聚集地，外国游客中有冯·斯塔尔夫人、施莱格尔和柯勒律治。

普鲁士崩溃后，他回到德国，接管了普鲁士内政部文化和教育署；在这个职位上，他领导了根本性的改革，建立了从小学到大学的全面和持续的教育体系。

1811年，他被派往维也纳担任特使，并在奥地利加入反对拿破仑的联盟中发挥了关键作用。他作为普鲁士的第二授权代表，参加了第一次和第二次巴黎和平条约的谈判，并参加了维也纳会议（他在会上成功地为犹太人争取到民权，但未能为德意志联邦争取到自由宪法）。

1815年至1819年，他先后担任美茵河畔法兰克福联邦议院普鲁士全权代表、税务改革委员会主席和普鲁士驻伦敦特使。

1819年，他回到柏林，担任等级事务大臣（Minister für ständische Angelegenheiten）。由于他对《卡尔斯巴德决议》的抵制和他试图为普鲁士实施自由宪法，他在1819年底被解除了所有职务。

他搬到了位于泰格尔的家族庄园，在那里，除了巴黎和伦敦之旅（1828年），他一直致力于语言学研究，直到生命的尽头。

威廉·冯·洪堡《论国家作用的界限》
与约翰·斯图亚特·穆勒《论自由》主题对照表

在《论自由》和他的自传中，约翰·斯图亚特·穆勒指出了威廉·冯·洪堡的《论国家作用的界限》对其作品的影响。下表列出了两部作品中体现这种关系的相关主题的段落。我们希望这张表能让读者更容易地探索可能发生了影响的地方，从而更清楚地理解穆勒和洪堡之间的异同。这样的比较也有助于重新评估洪堡在十九世纪政治思想史和自由主义史上的地位。

因为对自由的考察在《论自由》和《论国家作用的界限》中无处不在，我们认为没有必要为"自由"或任何"自由权"单独列出一个条目。因为穆勒的作品远比洪堡的更广为人知，我们倾向于选择他的用语而不是洪堡的不同用语来命名各比较主题。《论自由》的页码引自两种不同的版本：《论自由·妇女的屈从地位·社会主义残篇》，斯特凡·科里尼（Stefan Collini）编，剑桥政治思想史教科书（剑桥：剑桥大学出版社，1989年）；《约翰·斯图亚特·穆勒作品集》，J. M. 罗宾逊（J. M. Robson）编，33卷本（多伦多：多伦多大学出版社，1963—1991年），第18卷，《政治与社会论文集》。[1]

【1】译注：中文版表格中《论自由》的页码，剑桥版已替换为上海三联书店2019年版。

主题	论国家作用的界限（英译本页码，参见本书边码）	论自由（多伦多大学出版社1977年版）	论自由（上海三联书店2019年版）
古代人和现代人	pp. 6-9, 14, 32, 38-45, 47-48	pp. 227, 253	pp. 13, 50
性格/品格	18, 41, 50-51, 75	226, 232, 236, 247-8, 256, 258-66	12, 21, 27-28, 43, 55, 57-70
公民	49, 50-51, 54	301, 305	121, 126-27
强迫/强制（个人对他人的伤害）	94-105, 110-11, 121-22	223, 225, 260, 276-78, 280, 283, 299-301, 304	9, 11, 61, 85-87, 91, 94, 119, 125
宪法	3, 32-33, 48, 52, 54, 111, 139-41	286, 305-8	99, 126-31
契约	26-27, 94-97, 101-2	295, 300	113, 120
文化	5, 12-14, 56, 64, 68, 70-71	246, 261, 264, 274	41, 62-63, 67, 80
多样性/纷歧（变化性）	4, 5, 7-8, 10, 12, 14, 18, 32-33, 76, 99	215, 250, 252, 254, 257, 260-61, 270, 274, 275, 302, 306	题词页, 47, 49, 52, 56, 61-62, 75, 80, 82, 122, 127
教育	19-20, 48-52, 67, 81	251, 255, 261, 273-74, 277, 299, 301-4	47, 53-54, 62, 79, 86, 118, 121-24
平等		254, 288	51, 102
家庭	21, 100-101, 127-31	264, 281, 301, 304-5	67, 92, 121, 125
意志自由	23	217	1
人性/人的本性	8-9, 18, 27, 35, 64-65, 142, 147	227, 263-66, 271n, 272, 278	14, 65-69, 77, 83n, 87
个性（个体）	7, 10-12, 15, 27-28	220, 254, 261-64, 266-69, 271, 273, 275-78, 281, 302, 306	5, 51, 62-66, 70-74, 77, 79, 82-88, 92, 122, 127
正义/公正	94-105, 110, 127-28, 132	224, 236, 266, 272, 282	10, 28, 70, 78, 93-94
婚姻（契约）	26-27, 96-97	290, 300, 304	104-105, 120, 125

主题	论国家作用的界限（英译本页码，参见本书边码）	论自由（多伦多大学出版社1977年版）	论自由（上海三联书店2019年版）
自然法	90, 128		
秩序/条理	56, 61	253, 307	51, 130,
进步	37, 44	217–18, 220, 224, 247, 249, 252–53, 261, 272, 291	1–2, 5, 10, 42, 45, 50, 62, 77, 105
财产	33, 35, 84, 91, 94–105	254, 260, 271	51, 61, 76
惩罚	38–39, 64–65, 110–26	228n, 237, 241, 260, 278–81, 292, 295, 297, 304	29, 34, 60n, 61, 89–93, 109, 113, 116–17, 125
宗教	53–69, 81, 87	222, 227, 236–37, 240–41, 240n, 244–46, 249–50, 254–58, 265, 271n, 283–86, 285n, 289–90, 303	8, 14, 27, 33, 38, 45, 52–56, 60n, 68, 83n, 95–99, 103–105, 107n, 129
权利	46, 82, 84–87, 91, 93, 94, 99, 114, 116, 123–26	218, 222, 262, 266, 274, 276, 279, 288, 299, 301	2, 8, 64, 69, 81, 86, 89, 101, 118, 121
自我发展	3–5, 12–13, 15, 22, 32–33, 41, 128, 133	215, 220, 242, 261, 266–67, 269–70, 274, 279, 288, 305, 310	题词页, 5, 35, 63, 69–70, 74–75, 80, 89, 102, 126, 133
自我完善	56–57, 62–63	278, 288	87, 102
涉己行为	3–4, 5, 90–91, 127	221, 223–26, 276–84, 295–96	10, 86–96, 113–14
国家：正当目的和不正当目的	9, 16–38, 40–45, 62–69, 82–126, 132–33	217–20, 223–26, 228–29, 260–61, 276–91, 292–310	1–3, 9–13, 17–18, 61–62, 85–106, 109–133
功利主义		224, 235	11, 26
美德	7, 44, 51, 63, 87	228n, 235–36, 239–40, 264	26–27, 32–33, 60n, 66

索　引

马克思，卡尔，xlii, xlvii

梅尼克，约翰·阿尔布雷希特·F. A.，xxxvii

美，75, 79–80

美德

    活力作为美德，72

    国家影响美德的间接措施，70

    在人的灵魂中，65–66

    来自自由意志，121

美感，74–75

孟德斯鸠，C. L.德，li

民事法律，85

民事诉讼，107

民族共同体，xxviii, 137–38

民族性格和语言，xxxix–xli, 49

莫里斯，威廉，xlvii

穆勒，约翰·斯图亚特，xvii, xviii, xxii, xxiii, xxiv, xlv, xlvii, liii, lv

内心生活，21–22

奴役，40

女性品格，24–25

赔偿，90–91

赔偿，或救济，94, 106

佩特，沃尔特，xxxiii

皮拉特·德·罗齐尔，让·弗朗索瓦，42

品味（鉴赏力）

    堕落或扭曲的条件，79

    满足的等级，72–73

    来自对美的研究，74–75

普拉门纳茨，约翰，xlix

普林尼，42

契约

    私下协商，91–92

    继承问题，101-2

    另参见承诺，或要约

虔敬派（德国），xxviii, xxxi

强迫

    强迫的影响，19–20, 80

    产生缺点，80

    婚姻中的强迫，27

权利

    遗赠或赠送财产的权利，100

    孩子的权利，127–33

    侵犯权利的情形，114

    妨碍权利的情形，120

    缩减权利的条件，87

    罪行视侵犯他人权利而定，114

    胁迫阻止越轨行为，84

    洪堡对权利概念的关注，lii–lv

    侵犯权利，94, 115

    另参见自然权利

译后记

"小心你的愿望，因为它有可能会实现。"

当十几年前《论自由》译稿完成时，我曾暗暗许下一个愿望，有朝一日一定要把洪堡这本《论国家作用的界限》翻译出来。没想到当这个愿望最终实现，回望过去，竟然经历了那么多曲折、琐碎和艰辛。

我没有记日记的习惯，当我终于为译稿敲下最后一个标点，搜索从前在微博的晒图，发现开始动笔翻译的时间，正是四年前的今天。四载寒暑，造次于是，颠沛于是，总算断断续续把这项拖了太久的工作完成了。

从发愿到完成，十稔之间，时势丕变，个人的心境也从充满乐观变成悲观忍耐；在这样一个时刻，个人自由的理想是否还值得坚守，对自由的辩护是否还需要从古典思想中去挖掘借鉴？"知我者谓我心忧，不知我者谓我何求"。正是在这种心境下，重新走近洪堡，成为我个人应对时代问题的一个出口。

洪堡的自由思想在自由主义思想史上独树一帜，他高扬人的个性，强调多样化的个性之间的相互影响、吸收、提高；只有将国家的作用降至最低，推到只求保证安全的一隅，才能成就个人的伟大和人类的光荣；他对自由的辩护，既没有功利主义理性计算的干瘪，也避免了浪漫主义情感追求的荡然无归，他将浪漫主义和个人自由的政治理想完美熔于一炉……

虽然完成的时间被拖后，但漫长而间断的翻译过程，却也给了我更多机会充实储备，从而更好地理解洪堡处身的那个思想脉络；卢梭、康德、黑格尔、歌德、席勒、弗格森……那些或深或浅地影响了洪堡的思想家，十年来我渐次有所涉猎，弥补了我年轻时没有读过的悔恨，也让我能比早早贸然动笔更好地完成对洪堡的翻译。

洪堡在书的结尾写道："我现在已经全部走完了我在这篇文章开头标画的那片原野。自始至终，我感觉到自己备受鼓舞，心中充满了对人的内在尊严和自由的最深切的尊重，只有自由才配得上这种尊严。但愿我提出的思想，和我赋予它们的表达，没有辜负这种感觉！"我现在跟随作者重新走完了这整个途程，但愿我的译笔同样能配得上这样的感觉！

正如洪堡曾经说过的："对我来说，一本重要的新书、一门新的课程、一门新的语言，可以说都是我从死亡的长夜中夺出来的东西。"同样，这本译作也是我从漫漫长夜中夺出来的，我为它付出了太多的夜晚和睡眠的代价，我希望我最终会庆幸这项译事没有因半途而弃而留下生命的遗憾……

2021 年 7 月 26 日

图书在版编目（CIP）数据

论国家作用的界限 / (德) 威廉·冯·洪堡著；孟凡礼译. -- 太原：山西人民出版社，2025. 5. -- ISBN 978-7-203-13579-1

Ⅰ. D095.16

中国国家版本馆CIP数据核字第2024KA0090号

论国家作用的界限

著 者	(德) 威廉·冯·洪堡
译 者	孟凡礼
责任编辑	郭向南
复 审	李 鑫
终 审	梁晋华
装帧设计	陆红强

出 版 者：山西出版传媒集团·山西人民出版社
地 址：太原市建设南路21号
邮 编：030012
发行营销：0351-4922220 4955996 4956039 4922127（传真）
天猫官网：https://sxrmcbs.tmall.com 电话：0351-4922159
E-mail：sxskcb@163.com 发行部
sxskcb@126.com 总编室
网 址：www.sxskcb.com
经 销 者：山西出版传媒集团·山西人民出版社
承 印 厂：鸿博昊天科技有限公司

开 本：880mm × 1230mm 1/32
印 张：9.75
字 数：210千字
版 次：2025年5月 第1版
印 次：2025年5月 第1次印刷
书 号：ISBN 978-7-203-13579-1
定 价：88.00元